令和時代の総合的な学習の時間

入門

松村英治
編著

東洋館出版社

はじめに

結論から先に言います。

総合的な学習の時間（以下、すべての章を通じて「総合」と略記）への取組次第で、どの教師も無理なく指導力を向上させることができます。この指導力は、総合限定ではありません。各教科等の垣根を越えた指導の総合力とも言うべきものです。

本書が推奨する総合は、ある程度の条件さえ整えば実践できる総合です。真似をするのがむずかしいオンリーワンの総合、カリスマ教師にしかできないナンバーワンの総合ではありません。及第点をクリアすればいい総合です。

本来、総合は自由で柔軟性があって、子どもも教師も深く学べる実践をつくれるはずのものです。しかし、どこでどう間違えたのか、むずかしくて、たいへんで、そのためにパターン化しようとするのだけど、そうするほどにつまらなくなる総合が増えてしまったように思います。

その理由は第1章で詳述しますが、その根っこには次のことが言えるように思います。

総合を専門とする（私を含む）教師たちが、あまりにも高尚に語りすぎてきたのではないか。

教科横断、探究のスパイラル、課題解決、概念形成など、いずれも大切なことです。しかし、理詰めで総合の実践をつくろうとすればするほど、むずかしさ、たいへんさのほうが先立ちます。それが、総合のハードルを不必要に引き上げ、めぐりめぐって、実践格差を生んできたように思うのです。

だからこそ、本書をつくることにしました。及第点をクリアする総合への取組を通して、教科等を問わない普段使いの授業力が磨かれるプロセスを紹介するためです。

とはいえ本書は、生活・総合の設置や充実に、これまでたいへんご尽力をされた諸先輩方の取組を批判することを目的としているわけではありません。

生活科と総合の特質や固有性、存在理由を明確にするために、実践を積み重ね、積極的な発信をしてこられたことに対して敬意を表するとともに、現場の厳しい状況を変えるために、いまの自分にできることは何かと問い続けてきました。

今後、全国すべての学校において生活科と総合の実践が充実することを願って、本書を上梓しました。お気づきの点は忌憚なくご批正いただければ幸いです。

＊

日に日にたくましくなる子どもたちの成長を目の当たりにしながらご自身の指導に手ごたえを感じられる、何より（専門教科だろうと総合だろうと）授業自体がおもしろくなる、そんな可能性について考えていきたいと思います。

令和３年７月吉日　松村　英治

〈目次〉

第3章 専門教科を軸にして他教科等の指導を充実する

第4章　教科等と総合の授業を往還する指導の総合力が磨かれるプロセス

第1章

どの学校でも無理なくできる総合の可能性

本章の冒頭では、私の少年期の体験を皮切りに、「なぜ総合の裾野が（期待していた以上に）広がっていかなかったのか」について語っていきます。少々ネガティブな内容を含むので、読み進めるのがつらい箇所もあるかもしれませんが、第2章以降で紹介する及第点をクリアできる総合とは何か、普段使いの指導の総合力とは何かを知るためにも必要なので、どうぞおつき合いください。

＊

平成10年に総合的な学習の時間が創設され、学習指導要領の移行措置のころ、私は小学校高学年～中学生でした。私の母校（公立中学校）は、先進的な教育に力を入れており、学習指導要領の全面実施前から総合に取り組んでいました。

中学1年生の総合では、同じクラスのKくんとペアを組み、学区域にある行徳寺の住職さんにインタビューに行きました。「地域に生きる」をテーマに、地域を観察して地域のよさや特徴に気づいたり、地域を守るために自分ができることを考えて実践したりする単元です。教科書と座学中心の授業が多いなか、この活動は私にとって斬新で、ドキドキするような体験でした。

なぜその方にインタビューをしに行ったかと言えば、Kくんが以前より親しくしていたからという、ただそれだけの理由でした。いま思えば、当時の担任も想定外のインタビュー相手だったかもしれません。

インタビュー後は、住職さんから教えてもらったことを整理し、考えたことをまとめて発表しました。学年の代表にも選ばれ、全校生徒を前に体育館で発表したことを覚えています。

当時の中学校の実践としては、相当にダイナミックな活動です。母校の当時の取組は『育つ教師が学校を変える：現場からの教育改革』（愛知県豊田市立豊南中学校、図書文化社、2003年）に詳述されています（総合については「第4章　学校を変える　3　総合的な学習の積極的な推進」の項を参照）。

大人になって知ったことですが、母校に限らず、総合創設時の全国の学校現場の熱量は高かったと聞きます。各学校で目標や内容を定め、単元をゼロからつくり出せる時間を保障されたのですから、喜んだり張り切ったりした教師が数多くいたことは想像に難くありません。それからおよそ20年が経ったいま、その熱はどうなっているでしょう。

平成29年告示の小学校学習指導要領（小学校は令和2年度全面実施）では、「第1章　総則」において、各学校の教育目標は「第5章　総合的な学習の時間の第2の1に基づき定められる目標との関連を図るものとする」とされています。このことを端的に言えば、〝カリキュラム・マネジメントの中核は総合である〟ということです。

高等学校では、「総合的な探究の時間」と名称変更されたり、「○○探究」という教科がいくつも新設されたりするなど、国が期待する総合の重要性を読み取ることができます。また、小学校はもちろんのこと、中学校や高等学校においても、非常に優れた実践が次々と生まれていることも報告されています。

こうした優れた実践がある一方で、一般的な多くの学校はどうでしょうか。なかなかむずかしい状況にあるのではないかと私は考えています。学級担任制で時間割の都合もつきやすい、教科等横断的な学習にも取り組みやすい、（一部の子どもを除いて）入試等も控えていない小学校においてさえそうだと思います。

総合に力を入れて指導しているのは、総合に魅力を感じている一部の教師。実のところ、何をどうすればよいかわからない、ゼロベースで指導計画を立てるのはむずかしい、そう感じている教師は少なくないのではないでしょうか。

多くの教師が抱える総合への悩み

さまざまな先生方と話をさせていただくなかで、どのようなことに悩みを抱えているのかがわかってきました。タイプ分けすると、次の四つです。

［タイプ①］各学校で作成している年間指導計画どおりに進めなければいけないという制限が課されていたり先入観があったりして、すべての授業を教師主導で進行せざるを得ないタイプ

本来であれば、各学校が作成する全体計画に定めた資質・能力が育成されればよいわけですから、そこから逸脱しない限りどのように実践を展開してもよいはずです。それに対して、学年のすべてのクラスが同じような展開で、同じ学習活動を必ず行わなければならないのだとしたら、「何のために」（目的）が抜け落ち、「どのように」（方法）にのみ目が向いているがゆえに苦しくなってしまいます。

このタイプの学校では、全体計画が更新されていないことが多く、全体計画と年間指導計画がズレてしまっていることも珍しくありません。また、1年間で扱う単元の数が五つ以上ある学校もあるようです。すると、学習を深めるための時間数を確保できないばかりか、計画そのものに余裕がありません。その結果、年間指導計画だけをよりどころにするほかなく、〝とにかく計画に沿って学習を進めればいい〟という意識になってしまうものと考えられます。

【タイプ②】総合の単元を学校行事などと関連づけたことで、ある時期になると決まった活動を行うことが既定路線となり、そこに向けた準備などを一斉に進めなくてはならないタイプ

高学年の宿泊学習などの学校行事などと関連づけることの問題点の一つに、班を決めたり役割分担を決める活動を、事前学習の名のもとに位置づけてしまうことがあります。事後学習にいたっては、宿泊学習を通して体験したことをただまとめて発表するだけの活動に留まることも多いようです。また、運動会などの練習を総合の時間としてカウントしている学校もあります。これらはいずれも、総合としてふさわしい活動とは言えないでしょう。

【タイプ③】地域の施設などとの交流（毎年の恒例行事）ありきで学習を進めなければならないタイプ

地域交流自体は、何ら問題があるわけではありません。単元開発した当初は、牽引役

となる教師が地域を回り、協力してくれる施設を見つけ、交渉を繰り返しながら実践をつくっていったであろうことが推察されます。

ここで問題にしているのは、実践の硬直化です。どんなによい実践でも恒例行事化してしまうと、総合らしい学びの深まりを期待できなくなってしまうからです。

「この時期には学校と○○という交流をする」ということが、学校にとっても地域にとっても変えようのない既定路線になってしまうと、単元の流れを見直したり、単元そのものを変えることができにくくなってしまいます。

本来であれば自由に変えられるはずの単元が固定化してしまうということです。その背後には、新たな単元開発を実行する、地域と再交渉する手間暇への抵抗感もあると思います。その結果、〝働き方が問われる現在、そこまでやるよりも例年どおりでいい〟という心情が生まれてしまうわけです。

【タイプ④】全体計画や年間指導計画が形骸化して活用されず、目標とは関連性が低い学習活動に終始するタイプ

子どもの状況、地域との関係、教職員構成、学習指導要領改訂など、そのときどきの

状況に応じて見直していかなければならないのが全体計画なり年間指導計画です。ところが、総合について造詣が深い教師が学校に一人もいないと、中身の吟味を行うことができず、年度の数字だけが書き換えられるだけの計画になることもあります。

すると、計画そのものが次第に意味をなさなくなり、学年に口伝で伝わっている学習活動や、前任校で行っていた実践を安易にもちこんだ、場当たり的な学習活動などにならざるを得なくなります。

近年では、総合の時数を充ててプログラミング教育を行うこともあると思います。こうしたときも、計画が形骸化していれば、探究的な学習のプロセスのなかにプログラミング体験が設定されず、「パソコンと仲よくなろう」「scratchを使ってみよう」といった、〝活動はあるけど、総合の学びなし〟といった状況になってしまう危険性もあります。

制度的な課題と構造的な課題

ここまで総合に対する悩みをタイプ別に語ってきましたが、私はけっして悲観してはいません。〝総合はむずかしそうだけど、できれば充実したい、探究活動を通して子どもがどのように変容していくのか見てみたい〟と思っている先生方が多いことを知っているからです。そうした先生方の悩みを課題別に列挙すると、次の二つに集約できると思います。

「よくわからないから、できない」
「わかってはいるけど、できない」

●「よくわからないから、できない」

これは、制度的な課題です。

現在、国の施策として小学校における教科担任制導入が検討されていますが、高学年であること、算数、理科、外国語などの特定の教科に限定されていることを考えれば、今後も私たち小学校教師は（高学年の専科を除けば）全教科等の授業を担当することが基本です。

しかし、すべての教科等の目標や内容、指導法などを深く理解することは現実には不可能です。にもかかわらず、国語や算数などで（教職経験のない新規採用教員であっても）及第点をクリアする授業を行えるのは教科書があるからです。

ここに、総合の授業の質を左右するむずかしさがあります。教科書がないからです。

教科書がないから授業づくりの自由度が飛躍的に増す一方で、教科書がないから及第点をクリアするのがむずかしい。まさにジレンマですね。

教科書がない点では学級活動においても同様のことが言えるかもしれません。学習指導要領が定める学級活動(1)〜(3)の特性や相違を理解したうえで年間35時間の授業を充実している教師がいる一方で、(総合に対してほどではないにせよ)むずかしさを感じている教師も少なくないと思います。このように、**〝教科書がない〟こと自体が実践の格差を生んでしまう潜在的リスクとなり得る**のです。

唯一の例外を挙げるとすれば体育でしょうか。体育人口や副読本の多さもさることながら、学習活動が明確であることから、授業イメージをもちやすいことが教師の助けになっているように感じます。

●「わかってはいるけど、できない」

これは、構造的な課題です。

たとえば、学校行事と関連づけた単元や地域の施設との交流などであれば、自分では改善したいと思っていても、教師一人の力ではむずかしいということです。

これは、いったん完成させてしまったジグソーパズルに似ています。一つ一つのピースがしっかりはまってしまっているため、個人の裁量で任されているはずのピースも動かせなくなるという課題です。総合に強い関心を抱いている管理職が赴任してきたり、教務主任と連携が図れたりする場合には、ピース全体を一気に動かせることもありますが、なかなか稀なケースだと言えるでしょう。

また、プログラミング教育や一人一台端末の活用を下支えするための学習活動（端末の使い方やタイピング技能向上のためのトレーニングなど）を総合で時数カウントする事例が見られるのも、高学年では余剰時数が少ないこともあって致し方ない面もあるかもしれません。

構造的な課題にはもう一つあります。

それは、総合について相談したり助言をもらったりできる教師が校内にいない場合です。総合関連の書籍を読んだり研修会に参加して学んだりして、自分なりに実践へのイメージを膨らませても、校内外のサポートなくしては実行に移すことが叶いません。

これは、比較的若い教師にも起こり得ることだと思います。私よりも若い方であれば、自分自身が小学生時代、中学生時代に総合を経験しています。実践の質自体はピンキリだとは思いますが、彼らは授業イメージを実感としてもっています。そのような意味で、総合に対する精神的ハードルは低いと言えるでしょう。

総合に限らず、外国語・外国語活動の授業でも同じことが言えると思いますが、自分が受けたことのない授業を実際に行うことに対しては、その難易度によらず、精神的な抵抗感があるものです。こうした抵抗感がないこと、総合に対するとりあえずのイメージをもっていることは、間違いなくアドバンテージだと言えます。

しかし、着任した学校が総合に対する意識が低く、前例踏襲のような実践に終始しているのであればどうでしょう。思いやイメージがある分だけ、かえって意欲が萎んでしまうのではないでしょうか。

こうしたことは、国語や算数などでは起きにくい現象です。「国語の授業を変えてみたいんだけど、周りに相談できる人がいない」とは、まずならないからです。

つまり、歴史と実践の積み重ねのある教科等（特に教科書があるもの）であれば、専門的に学んで実践している人は多いし、参照できる資料は多く、裾野も広いから、新しい実践にチャレンジする敷居は相対的に低いと言えます。

なかには、書籍や一般的な研修会などでの学びでは物足りなく感じる先生もいるかと思いますが、とりあえず70点前後の及第点に届く授業を、ほとんどの教師が行えるようにするという点ではきわめて有益です。

これに対して総合はというと、及第点どころか、１２０点以上をたたき出す教師、学校は確かにあります。しかし、その数は圧倒的に少ない。多くは及第点にすら届いていないのです。ここには、実践の質も量も桁違いの差があります。

総合の現状を鑑みるに、私が重視していることは、どの教師も１００点満点の実践をつくれるようになることではありません。70点前後の及第点をクリアする実践をつくれるようになることです。

＊

さて、ここまで二つの課題を挙げてきたわけですが、実を言うと教師個人の試みからでも打開できる方策はあります。勤務校に総合を専門とする教師がいない、あるいは学校の経営方針が変わらない限り一人ではどうにもできない状況下であってもです。

それは、同年代の同僚、気の合う先輩、職員室の隣の席の先生などと授業や子どもの姿について雑談することです。教科等は何でもかまいません。雑談を通してお互いの授業の考え方や進め方、子どもの姿を共有することが最初の第一歩となります。

こうした雑談を足がかりにして、段階的にお互いの授業を見合えるようにしていきます。一足飛びには実現できないかもしれませんが、こうした取組の継続は周囲の同僚にも伝播していきます。

現在の勤務校に赴任した当初、総合の実践はけっして質の高いものではありませんでした。それが変わったきっかけは、総合が勤務校の研究テーマになったからではあるのですが、それだけで変わるものではありません。総合に限らず、平素の授業について語り合える仲間が増えていったことが変化を生み出す基盤となりました。

授業について語り合える仲間が増えてくると、どの教科等においても授業や子どもの姿への関心がより高まり、引いてはお互いの授業力の向上に寄与すると思います（第3章以降の実践でも、そうした姿が描かれています）。

教科等の有する「よさ」を発信するむずかしさ

まずは、私自身の発信の仕方を振り返ってみます。

私は低学年担任が長かったので、生活科に関して発信する機会が数多くありました。そうしたときによく口にしていたのが、「子どもの思いや願いを大切にする生活科だからこそ、教師が先んじて対象のことをよく知り、手立てを打てるようにするべき」ということです。

当時のスライドなどを見返してみると、たとえば季節の単元であれば「生活科暦を活用した種まき・耕しが重要」「教師が季節を先取りして、子どもに投げかける」といった手立てを掲げています。

実践発表の折には、教師自身が校庭を歩き回って自然に親しみ、どんな植物が生えているのか、どんな虫がいるのかを先取りして知り、それを生活科暦や生活科マップとしてまとめることが、子どもに効果的に投げかけるためには重要だと話していました。

また町探検の単元では、「教師自身が町の魅力を知る」を手立てとし、学区域をぶらぶらと探検する、盆踊りなどの地域の行事に参加する、学区域の商店で買い物や雑談をしながら信頼関係を築くことを話していました。

生活科の授業を充実するという点においては、いまも考えは変わりません。しかし、時間を経て振り返ると、当時の私はどうも「低学年を受けもつすべての教師がすべきこと」と思っていたふしがあるのです。

しかし、本当に全国すべての教師がすべきことなのか、さらに言えば、そう求めることが本当に妥当なのか…。

生活科の授業が週に3時間あるなかで、毎日のように校庭を歩き回ったり学区域を探検したりしないといけないのだとしたら、負担が大きすぎるのではないか。こうしたとらえは、生活科に限ったことではないと思います。「ごんぎつね」の授業を行うには新美南吉の本を何冊も読まないといけない、もっと言えば新美南吉の故郷を訪ねてこそ本物の授業になるのだとしたら、できる教師は一握りになってしまうでしょう。

もちろん、それぞれに自分の専門とする教科であれば、関連する資料を読み込む、現地に足を運んで取材することを通して教材研究を充実することは素晴らしいことです。しかし、すべての教科等で同じことをしなければならないなどと言われたら（そもそもそんなことは不可能なのですが）、その教科から足が遠のくでしょう。

総合であれば、「材に惚れ込む」重要性がよく説かれます。地域の伝統工芸品を総合で扱うならば、伝統工芸品をつくっている人にアプローチして話を聞き、自分自身がその伝統工芸品の素晴らしさに感銘を受けなくして総合を充実させることはできないという考え方です。

事実、そのとおりだと思います。その一方で、その大切さを強調すればするほど、総合に対する苦手意識を抱かせてしまう現実もあったように思うのです。

魅力的な材を探し出して惚れ込む、ゲストティーチャーの考え方に惚れ込む、ある年は防災に惚れ込む、またある年は福祉に惚れ込む、そうでないといい授業はできないのだとしたら…。

総合はそもそも教師の自由な発想で授業をつくれる柔軟性があるはずです。それなのに、「○○しないとダメ」となれば、柔軟性どころか真逆の強硬性が高まります。それでは、

「私にはちょっと…」という気持ちになるのは無理からぬことでしょう。

「総合が好きな人はちょっと変わっている」などと言われることがあります。この印象は外側からの勝手なレッテル貼りではないように思います。総合を推進したい人の高尚さにこそ理由があり、それが総合の裾野を広げることを阻んできたのではないか…と。

総合を推進している教師の側からは「生半可な教材研究では深い探究は実現できない」という声があがりそうです。生活科と総合を専門とする立場から言えば、私もそう思います。

その一方で「総合専門サイドから見れば生半可な教材研究でも、及第点をクリアできるのであれば、少なくとも、前例踏襲に終始する硬直的な総合、時数カウント用の総合よりも遥かにマシ」と思うのです。

教科書がない、全体計画や年間指導計画に正解がない、授業を探究にするのがむずかしい。こうした現実があるなかで、「いま何ができるのか」「何をすべきなのか」を志向したとき、取り組むべきは、独創性あふれるオンリーワンでも、名人芸の極みとも言えるようなナンバーワンでもない、どの学校でも無理なくできる総合なのではないかと私は思うのです。

総合の課題を乗り越える鍵

新型コロナウイルス感染予防のために突如休校となった2020年3月、ずっと走り続けてきた数多くの教師が不意に立ち止まることを余儀なくされました。私自身もそうです。教員人生ではじめて自分の実践についてじっくりと振り返る機会となりました。

そこで、次の問いを立ててみました。

「どうしたら総合を専門としていない教師、総合を研究対象としていない学校においても総合が充実するか、その裾野を広げることができるのか」

するとその答えは、きわめて身近にありました。それは同僚の先生方の実践です。彼らの専門は、国語、社会、体育、図工などさまざまですが、みな一様に総合に魅力を感じている教師たちでした。まさに、灯台下暗しですね。

本校が学校をあげて生活科と総合の実践に取り組んでいた時期もあって外発的動機づけが働いたとも言えますが、実践を積んで以後、年度を越えても生活科と総合を研究対象とすることを望む声が上がったり、異動先でも総合の充実に奮闘したりしています。

ただ、思い返してみると、私が本校に着任した当初は、（前述したように）お世辞にも総合の実践が充実しているとは言いがたい状況でした。活用できそうな年間指導計画はなく、ゼロからのつくり直し。各学年で何をテーマにするかを話し合うところからのスタートでした。

研究当初、ネガティブな声が挙がらなかったことは幸いでしたが、比較的意欲的な同僚も「校内研究でやると決まってしまった以上やらなくては…」という意識だったように思います。

異動した学校でも総合の充実をめざして奮闘するようになった元同僚でさえ、研究当初から生活科と総合の研究に意欲満々だったわけではありません。それが実践を積むごとに一人一人の同僚が確かな手ごたえを感じられるようになり、それにつれて意識が変わっていったように思います。

ただし、どの教師も自分の専門を生活科や総合に鞍替えしたわけではありません。自分の専門教科等の研究を続けながら、総合の充実に努めている教師たちです。これは、ただ単に勤務校の研究対象だったからというだけでは説明のつかない熱心さです。

勤務校の総合が充実していった背景には、（前述のように）お互いの授業を見合い語り合う取組がじわじわと浸透していたことが挙げられると思います。しかし、それだけが理由ではないとも考えています。

おそらくそこには、私には見えていなかった何か、彼ら自身の身のうちから湧き上がる何かに突き動かされていたのではないか。もしその推測が的を射ているとするならば、それこそが総合の現状を打開する鍵であり、彼らの考え方や方法をシェアすることこそ、私自身が抱いた問いへのアンサーにもなるのではないか。

そこで、次章ではまず「及第点をクリアできる総合とは何か」「どのように単元をつくっていけばよいか」を紹介したうえで、第3章以降で、総合と教科等の授業の相互作用による指導力向上のプロセスについて語っていきたいと思います。

（松村 英治）

第2章

及第点をクリアできる総合の単元モデル

70点前後の及第点をクリアできる総合とは？

本章で提案したいのが70点前後の及第点をクリアできる総合です。ただし、はじめに断っておくと、毎時間の授業を70点前後にするという意味ではありません。どの教科等でも、「今日は全然ダメだったな…子どもたちに申し訳ない…」と反省しきりの授業があります。あるいは、「今日は子どもたちも楽しそうだったし、力も確実に身についたと思う！」と手応えを感じられる授業もあるでしょう。

総合も同じです。山あり谷ありの繰り返し。つまり、ここで便宜的に呼称している及第点の70点とは、1年を振り返ったときにそう思える、いわば平均点のようなものです。

では、そのためにまず何が必要か、ここでは四つの条件を取り上げます。

【条件①】 全体計画上で、各学年の「目標を実現するにふさわしい探究課題」を明確にすること。
【条件②】 詳細かつ緻密に年間指導計画を作成すること。

この二つの条件は対です。条件②では「詳細かつ緻密な年間指導計画の作成」としていますが、これは実践の質の高さを「詳細かつ緻密にする」わけではありません。どの教師も〝読めばわかる〟ようにつくるということです。

もちろん、質が高いに越したことはありませんが、そもそも教師個人の力でゼロからつくりあげるのはきわめて困難です。ですから、まずは模倣とアレンジです。

●総合の研究校が公開している全体計画と年間指導計画をそのまま使う。
●学校・学年・地域の状況においてアレンジする。

実のところ私自身も、ゼロベースから計画することはありません。いわば、他校の実践から学んだことの寄せ集めです。

たとえば、研究発表で配られた指導案集の目次を開いて単元名を眺めたり、「これ、おもしろそうだなぁ」「これなら自分の学校でもできそうかも…」などと思ったことを勤務校にもち込みながら、少しずつ〝詳細かつ緻密〟になるように拡張してきたわけです。

このように言うと、次のように感じられる方もいるかもしれません。

「あまりにも計画を〝詳細かつ緻密〟にしてしまうと、教師主導で既定路線を歩ませるだけの（第1章で課題として指摘した）総合になってしまうのではないか」と。

この点については、〝「年間指導計画を詳細かつ緻密に作成すること」と「実際に実践すること」はイコールではない〟ととらえてほしいと思います。

総合は「これから何について、どう学んでいくか」を子どもたちと共に考えていくことを大切にしています。しかし、何もないところから子ども自らが学習をつくることはできません。教師が設定した「プロセス」と「ゴール」があるからこそ、それを寄りどころに学習をつくっていけるのです。そのための羅針盤が年間指導計画です。

子どもが困ったり迷ったりしているときに、「それなら、こうしてみたら？」と助言する、子どもの活動が暗礁に乗りあげたときには仕切り直しをしてリスタートできるようにするためのものなのです。

しかしながら、「詳細かつ緻密な年間指導計画」には、使い方を誤ると教師のレールに乗せたり、子どもたちを誘導したりしてしまう危険性ももちろんあります。そこで、次の条件③です。

【条件③】 4月下旬～5月中旬の段階で、年間指導計画のどの部分は必ず計画どおりに実施するのか、どの部分は子どもたちの主体性に委ねるのか（状況に応じて計画変更できる余地をつくっておくか）を明確にしておくこと（できれば学年の同僚と検討し、共通理解できるとベスト！）。

計画上、どのような活動を必須枠とし、あるいは自由枠とするのかについては、学習指導要領（および解説書）に定める次の三つを判断基準にします。

●第1　目標

探究的な見方・考え方を働かせ、横断的・総合的な学習を行うことを通して、よりよく課題を解決し、自己の生き方を考えていくための資質・能力を次のとおり育成することを目指す。

(1)　探究的な学習の過程において、課題の解決に必要な知識及び技能を身に付け、課題に関わる概念を形成し、探究的な学習のよさを理解するようにする。

(2)　実社会や実生活の中から問いを見いだし、自分で課題を立て、情報を集め、整理・分析して、まとめ・表現することができるようにする。

(3)　探究的な学習に主体的・協働的に取り組むとともに、互いのよさを生かしながら、積極的に社会に参画しようとする態度を養う。

●第2の2　各学校で定める目標

(1)　「探究的な見方・考え方を働かせ、横断的・総合的な学習を行うことを通して」、「よりよく課題を解決し、自己の生き方を考えていくための資質・能力を育成することを目指す」という、目標に示された二つの基本的な考え方を踏まえること。

(2) 育成を目指す資質・能力については、「育成すべき資質・能力の三つの柱」である「知識及び技能」、「思考力、判断力、表現力等」、「学びに向かう力、人間性等」の三つのそれぞれについて、第1の目標の趣旨を踏まえること。

●第2の3　探究課題の解決を通して育成を目指す具体的な資質・能力

各学校において定める目標に記された資質・能力を各探究課題に即して具体的に示したものであり、教師の適切な指導の下、児童が各探究課題の解決に取り組む中で、育成することを目指す資質・能力のことである。

右の定めと各学校の全体計画を踏まえ、「この活動は、子どもたちが『自己の生き方』を考えるきっかけになってくれるだろう」「自分の学習のよさに気づくだろう」「社会参画への意識が高まるだろう」などと想定され必ず行う活動が必須枠、そうでない活動は自由枠と考えればよいと思います。

さぁ、いよいよ実践のスタートです。ここで、必要となるのが条件④です。

【条件④】計画は緻密にしておきながらも、実際の活動は子どもたちと相談しながら進めていくこと。

具体的には、こんな進め方です。

●1時間の授業の終わりには「次の授業はどう進めていく?」と尋ね、子どもたちと意見を交わしながら一緒に決める。
●次の授業の最初には、「今日は何をすることになっていたのかな?」と子どもたちに確認する。
●子どもたちの活動が行き詰まったときには、教師も立ち止まって一緒に考える。
●ときには、「先生の考えを言ってもいいかな? たとえばこんな解決方法があると思うんだけど、みんなはどう思う?」と提案する。

どのような計画であれ、活動を考えて行動に移していくのは子どもたちであり、計画は子どもたちの活動をよりよいものにするためのものです。けっして、教師の指示どおりにやらせるための「やることリスト」ではないことに留意が必要です。

とはいえ、計画の質が高まってくると、子どもたちの思いや願いに沿った内容になってくるので、あまり意識しなくてもおおむね計画どおりに授業は進むようになります。

さて、どのような計画であっても、活動が進むにつれて、計画内容と子どもの思いや願いとにズレが生じはじめます。たとえば、次のような状況です。

計画上は子どもたちの食生活を振り返る活動を設定していたが、子どもたちからは給食の残菜について調べたいという意見が多数を占めている。

このとき、子どもたちの意見に乗るのか、それとも計画どおりに進めるのか、教師には選択・判断が迫られます。

ここがたいへんむずかしいところなのですが、どちらを選択するにしても、実際にやってみないと（後々の活動に貢献するのかなど）わかりません。そこで、（少なくとも、条件③に基づいて設定した「必須枠」でない限り）まずは子どもたちの意見に乗って活動してみる。その後、〝このままでは先に進めそうにないな…〟という状況になったら潔く撤退して仕切り直せばよいと思います（第4章の村松先生の実践で似た場面が登場します）。

また、「とにかくやってみよう。うまくいかなければ、またみんなで考えよう」とあらかじめ子どもたちに伝えておくのも手です。

［条件⑤］指導要録や通知表の総合の所見で、子どもたち一人一人の活動を振り返ってしっかり評価できること。

通知表での総合の評価については各学校によりますが、指導要録に記述する評価は年に1回です。総合は、1年間で1単元、あるいは2単元と少ない単元数でじっくり活動していくのが望ましいので、子ども一人一人が自分のもてる力を発揮した場面を見取って、つど意識的に記録（記憶）に残していかないと適切に評価することができません（及第点をクリアできる総合を目指すのみならず、子どもの姿の見取りは学級経営上も大切なこと）。

そのためには、活動そのものは学級全体で足並みを揃えながら進めていくにしても、個が埋没しないように配慮することが大切です。「今年はいい実践になった。でも、Aくんや Bさんの活動の様子を思い出せない…」であってはいけないということですね。

そこで、次の取組を取り入れることで、条件⑤をクリアできると思います。

●活動内容に応じてグループで行ったり個別活動で行ったりするなどのメリハリをつける。

●学級の全員で多様な意見を出し合う場面を設定しつつも、振り返りでは自分の思いを個々で綴る活動を設定する。

総合の単元モデル

平成10年の学習指導要領において総合が創設された当初は、趣旨やねらい、課題の例、学習活動の配慮事項などは示されているものの、現在に比べればきわめて自由度の高いものでした。これは、国が一定の制約をかけて何らかの単元モデルを提示してしまうと実践が画一的になり、そもそもの総合の趣旨が失われてしまうことを危惧したからでしょう。総合の推進者たちも、〝単元はゼロからつくり上げてこそ総合だ〟と語ってきたことも多かったように思います。

総合の単元のつくり方については、平成20年及び29年改訂の「小学校学習指導要領解説　総合的な学習の時間編」（文部科学省）の「第6章　総合的な学習の時間の年間指導計画及び単元計画の作成」や、「今、求められる力を高める総合的な学習の時間の展開」（文部科学省指導資料）などにおいて詳細に説明があるものの、総合を専門としない教師の手元まで届かなかったり、届いたとしてもむずかしさが先んじて、なかなか手をつけられなかったりする状況があったと思います。

総合の単元モデルについては、全国の研究指定校や民間企業等の取組が積み重ねられてはいるものの、多くの学校で普及して活用されるようなモデルはあまりなかったのではないでしょうか。この点に、私は着目しています。

以前、文部科学省、総務省、経済産業省による「未来の学び　プログラミング教育推進月間（通称：みらプロ）」の取組、文部科学省「小学校プログラミング教育の手引」の改訂作業に携わったときのことです。

田村学先生（國學院大學人間開発学部初等教育学科教授）や、星野薫先生（埼玉県越谷市立大袋小学校）と、適切かつ効果的にプログラミング体験を位置づけた総合の単元のあり方について検討する機会がありました。その成果を「総合的な学習の時間におけるプログラミング学習三つの型」としてまとめ、「みらプロ」のサイトにも掲載されました（その後、「小学校プログラミング教育の手引き（第3版）」では、「社会の問題状況を解決するため」と「魅力やよさを発信し伝えるため」の二つに再構成されました）。

この「学習三つの型」は以下のとおりです。

①課題解決型（社会の問題状況を解決するために、プログラミングを使って探究的に課題を解決する）

②**情報発信型**（魅力やよさを発信し伝えるために、プログラミングを使って探究的に学びながら発信する）

③**プロジェクト型**（ミッションの実現のために、プログラミングを使って、探究的に学習する）

こういったモデルは、これから新しく手をつけようとしている教師にとって非常に有益で、勤務校の実態や状況に合わせてアレンジする指針ともなるものです。そして、こうしたモデル化は「プログラミング体験」に限るものではなく、総合そのものの単元づくりにおいても必要なことなのではないかと考えています。すなわち、汎用性の高い簡便な総合の単元モデルです。

本書では、次の三つの単元モデルを紹介します。

［単元モデル①］**魅力やよさの発信型**

［単元モデル②］**やるべきことの実践型**

［単元モデル③］**やりたいことの実現型**

①魅力やよさの発信型

探究課題は、各学校・学年が自由に決めてよいわけですが、次は単元モデル①の特徴的な例だと言えると思います。

［探究課題例］

●町づくりや地域活性化のために取り組んでいる人々や組織づくり（町づくり）

自分たちが住む町に関係する「魅力」や「よさ」にフォーカスすることによって、子どもにとっての自分事にもっていきやすくなります。

また、たとえば、学区域に昔から続く祭りがあれば、「地域の伝統や文化とその継承に力を注ぐ人々（伝統文化）」などが考えられます。

［活動内容例］

●祭りを支える人々（主催者、実行委員など）と出会って思いを聞く。

●祭りに参加する住民にインタビューやアンケートを行う。

これらの活動目的は、地域の活性化のために取り組む人々と参加する人々、昔から参加している世代と最近移り住んだ世代などから多様な情報を手に入れることにあります。

こうして集めた情報を整理・分析してわかったことや、子どもたちが肌感覚で知っていることを摺り合わせながら、さらに次のような活動につなげていきます。

［活動内容例］

- 地域住民に祭りの魅力やよさを再認識してもらう活動を行う。
- 地域外の人に向けて祭りの魅力やよさを発信し、観光客を呼び込む活動を行う。

「魅力やよさの発信型」は、地域が抱える問題が関係してくる場合が多いことから、次に紹介する「やるべきことの実践型」と重なるところがあります。

自分が住む町には魅力やよさは確かにある、しかしそれが自覚されていなかったり伝わっていなかったりする、ここに課題を見いだしてその解決を目指して実践する、という流れです。

②やるべきことの実践型

このモデルに特徴的な探究課題を例示すると次の二つ。

【探究課題例】

- 身近な自然環境とそこに起きている環境問題（環境）
- 商店街の再生に向けて努力する人々と地域社会（地域経済）

いずれも共通することは、単元の冒頭で地域課題と出合うことで、子ども自身が「何とかしなければいけない！」と危機感をもつところから活動をスタートする点にあります。「環境問題」を探究課題とするならば、たとえば、学区域に流れる川が汚れていることを地域課題だとみなして活動を展開していきます。

【活動内容例】

- 川の水質や汚れてしまう要因を調査する。
- 自治体の担当者から実情をインタビューする。
- 集めた情報を整理・分析して自分たちにできることを考えて実践する。

この単元モデルは、ポスターや新聞を作成して地域の人たちに配るといった啓発活動にとどまりがちな点にむずかしさがあります。小学校段階で実際に取り組める活動はとても限られるので、地域の課題解決までは届かないことが多いからです。
そこで、単元をスタートする前に、小学生にもできることをあらかじめリサーチしておくことが必要です。このように、調べたことを発表するだけの単元にならないようにする配慮が必要だという点で、やや難易度の高いモデルだと思います。

③やりたいことの実現型

この単元モデルの探究課題例は次のとおりです。

[探究課題例]

●ものづくりの面白さや工夫と生活の発展(ものづくり)
↓この探究課題に、「情報化の進展とそれに伴う日常生活や社会の変化(情報)」を組み合わせることも考えられる。

これまで紹介してきた二つの単元モデルは、地域の魅力やよさ、課題を出し合って調べる活動を展開することを出発点としていました。つまり、自分たちの外側にある材を、いかにして自分事にするかに腐心する点で共通していると言えます。

それに対して「やりたいことの実現型」は、子どもたち自身がとにかく「おもしろそう！」「やってみたい！」と思えることを出発点として活動を展開します。つまり、最初から自分事だという点に、他のモデルとは異なる特徴があるわけです。これは、横浜市の大岡小学校や戸部小学校といった老舗校によく見られるモデルでもあります。

人形劇、クレイアニメ、影絵、大道芸、和菓子やムービー作成といった、子どもがおもしろいと思える実践がたくさん行われています。しかも、指導計画をよく読むと、ものづくりが地域の方とのかかわり、地域の課題に結びついたりしているので、さすがは老舗校だと、そのレベルの高さを感じさせられます。

しかし、ここで提案したいのは、ものづくりに特化したモデルです。つまり、地域の課題解決などといった難易度の高い実践に挑戦するのではなく、子どもがつくってみたいと思うことを実現する実践です。

たとえば、人形劇をつくる実践であれば、次が考えられます。

［活動内容例］

●単元の導入で子どもたちの人形劇への意欲を高め、どんな人形劇をやってみたいかというアイデアを出し合う。

●出し合った意見のなかからテーマを一つ決めて役割を分担する。
●人形劇を行う準備を進め練習する。
●ある程度形になってきた段階でプロの人を招いて自分たちの人形劇を見てもらい、助言をしてもらう。
●プロの意見を整理・分析して、自分たちには何が足りないのか、改善するためには何が必要かを話し合う。
●単元の後半では保護者を（可能であれば地域の人も）招待して公演する。

このモデルのポイントは、その道のプロとの出会いにあります。それが、活動を子どもたちの自己満足で終わらせない工夫になります。

●活動を通して課題を見いだす。
●見いだした課題を解決する活動を展開する。
●このサイクルを通じて学びを深めていく。

どの単元モデルでも共通することですが、「やりたいことの実現型」ではものづくりを通じて活動を展開していくので、自分たちだけでは見つけ出せない課題を提供してくれる存在が必要になるということですね。

その道のプロ（企業を含む）が地域で活動していれば、直接協力をお願いすればよいわけですが、そのような方が地域にいなくても問題ありません。GIGAスクール時代の今日ですから、子どもたちの練習風景や作品を撮影したデータを送って見てもらい、オンラインで課題を指摘してもらうという方法も考えられると思います。

また、この単元モデルは、子どもたちの活動の成果が「モノ」として可視化される点にメリットがあります。少しずつできあがっていく様子が目に見えてわかるので、自分たちの活動の積み重ねを実感しやすく意欲が持続します。

＊

これら三つの単元モデルには、それぞれマッチングしやすい探究課題があると思います。そこで活用したいのが、次頁の**資料1**です。表中の「三つの課題」と「探究課題の例」を参考にすると、探究課題と単元モデルをよりイメージしやすくなるでしょう。

資料 1

三つの課題	探究課題の例
横断的・総合的な課題（現代的な諸課題）	地域に暮らす外国人とその人たちが大切にしている文化や価値観（国際理解）
	情報化の進展とそれに伴う日常生活や社会の変化（情報）
	身近な自然環境とそこに起きている環境問題（環境）
	身の回りの高齢者とその暮らしを支援する仕組みや人々（福祉）
	毎日の健康な生活とストレスのある社会（健康）
	自分たちの消費生活と資源やエネルギーの問題（資源エネルギー）
	安心・安全な町づくりへの地域の取組と支援する人々（安全）
	食をめぐる問題とそれに関わる地域の農業や生産者（食）
	科学技術の進歩と自分たちの暮らしの変化（科学技術）
	など
地域や学校の特色に応じた課題	町づくりや地域活性化のために取り組んでいる人々や組織（町づくり）
	地域の伝統や文化とその継承に力を注ぐ人々（伝統文化）
	商店街の再生に向けて努力する人々と地域社会（地域経済）
	防災のための安全な町づくりとその取組（防災）
	など
児童の興味・関心に基づく課題	実社会で働く人々の姿と自己の将来（キャリア）
	ものづくりの面白さや工夫と生活の発展（ものづくり）
	生命現象の神秘や不思議さと、そのすばらしさ（生命）
	など

出典：文部科学省『小学校学習指導要領解説　総合的な学習の時間編』（77 頁）

どの単元モデルが及第点をクリアしやすいか

実践感覚からすると、とっつきやすいのは「①魅力やよさの発信型」でしょう。身の回りにある対象（材）の魅力やよさを調べてまとめ、発信するという学習展開は、多くの学校で実践されていることから、教師も慣れているということですね。

他方、とっつきやすい分、学習が単調になったり、書いてまとめたことをただ読み上げるだけの発表になってしまうこともあります。それでは学び甲斐や学びの深まりが生まれなくなってしまうので、この点に十分配慮した工夫が求められます。

この「①魅力やよさの発信型」とは対照的に、実践のむずかしさを感じるのが「②やるべきことの実践型」です。その理由は先述のとおりで、小学生にできることは限られているので、単元が終末に向かうほどに活動のダイナミックさを得にくくなるからです。

高等学校の総合であれば、高校生が力を合わせて地域の問題をリアルに改善している実践があることからもわかるように、子どもの発達段階が上がるごとにダイナミックな展開にしていける単元モデルだと言えそうです。

もちろん、小学生だからこそできることもあるので、「②やるべきことの実践型」を選択する場合には、それが何なのかを教師がしっかり見極めることが重要だと思います。

さて、小学校における総合で私が最も推奨したいのが、「③やりたいことの実現型」です。これは、前述のように老舗と言われる学校で取り入れられている単元モデルで、総合に前向きではない学校ほど選択されていません。その理由は定かではありませんが、むずかしいというイメージが先行してしまうからなのかもしれません。

しかし、それは逆で、①や②のモデルよりもずっと取り組みやすく、及第点をクリアしやすいモデルなのです。

そもそも子どもたちの多くは、何かをつくったり、自分がつくったものを誰かに伝えたりすることが大好きです。そんな自分たちの好きなことを起点として学習がスタートするわけですから、「どうすれば、材を子どもの自分事にできるか」などと悩む必要がありません。つまり、単元モデル③には、次のメリットがあるということです。


【メリット1】

●子どもたちの好きなことを起点に学習をスタートするので自ずと意欲が高まること。

総合に力を注いでいる学校がこのモデルを採用しているのは、難易度の高い実践へのチャレンジ精神というよりも、このメリットのためだと思われます。
私の勤務校でも「③やりたいことの実現型」が軸で、次の活動を中心としています。

【3年生】 手書き地図づくり
【4年生】 かるたづくり
【5年生】 おせち料理づくり（現在はコロナ禍のため食品ロス削減のための取組に変更）
【6年生】 ＬＩＮＥスタンプづくり（以前はコマ撮りアニメづくり）

このモデルには、ほかにもメリットがあります。

【メリット2】

● 「つくって形にする活動」（単元の前半から中盤にかけての活動）と、「発信して伝える活動」（単元の中盤にから終盤にかけての活動）の結びつきが強固であること。

単元モデル「①魅力やよさの発信型」「②やるべきことの実践型」の場合、調べたり分析したりする活動を終えた後、地域などに発信するための情報をまとめ直す学習（発信用のポスターや新聞づくり）が必要になります。このまとめ直しにも学びはあるのですが、相当の時間を割かなければなりません。

これは総合でよくあることなのですが、3月のギリギリになってようやくできあがり、何とか発信する活動を行うのだけど、その効果を確認する活動を行う時間がとれないといったケースです。単元モデル①と②の場合には、やりっぱなしで単元が終わってしまうと、自分たちがしてきたことへの価値づけ（自己評価）ができなくなります。

それに対して、単元モデル③だと、発信（作品の上映やお披露目）そのものが単元のゴールになるので、右のような慌ただしさから解放されます。また、向かうべきゴールが明確なので、活動の途中で迷いや葛藤が生まれても、単元を通じた学習の軸はブレません。

さらに、ある程度できあがった段階でクラス内で見合う、学年内で見合う、プロに見てもらう、全校児童に見てもらう、最終的には地域の人にも見てもらうなどと、段階的に発信することができ、かつ（そうなるように教師が導いていくわけですが）そのつど課題を見いだせます。そのため、自分たちのものづくりがより高度なものへと少しずつ発展していく手ごたえを、子どもたち自身が感じ取ることができます。

このようにして、活動の質が高まっていくわけです（巻末資料を参照）。

［メリット3］

●学年総合への負のイメージを打ち消すことができること。

総合の推進者の意識には「学級カリキュラム至上主義」なるものがあるように思います。「学級ごとのカリキュラムであってこそ活動の自由度が担保され、子どもたちの思いや願いを生かせる。だから、学年カリキュラムではそれがむずかしい」という考え方です。

この考え方自体は素晴らしいことだと思います。その一方で、汎用性には乏しいとも思います。

もちろん、学級カリキュラムに特化して、質の高い実践を実現している先生方を安易に批判したいわけではありません。ここで言いたいのは、地域環境や各学校の実情、先生方のさまざまな個性や専門性などを念頭に置いて、どの先生方の授業も無理なく充実していくという桁で考えたときのリアリティです。

実は、私の勤務校でも学級カリキュラムに挑戦したことがあります。かなり近いレベルまでいったのですが、あまりの負担の大きさと、今後も続けていけるのかという疑問から、学年カリキュラムに戻したということがありました。

そこで、考えたのが学年カリキュラムと学級カリキュラムの折衷案です。

【学年カリキュラム】何をするかを示した年間指導計画は共通
【学級カリキュラム】具体的な学習活動の中身は学級ごとに設定

本校の3年生で言えば、「学区域の魅力やよさを見つけて手書き地図をつくる」という活動は学年共通です。それに対して、「学区域のどの点に魅力やよさを見いだして、どのような手書き地図をつくるのか」については学級で決めます。そうすると、「自然の豊かさ」に魅力やよさを見いだす学級もあれば、「貴重な文化遺産」に魅力やよさを見いだす学級も現れます。

「魅力やよさ」を見いだすという点では、単元モデル①のように見えますが、「手書き地図をつくること」をゴールとしている点でこの単元はモデル③であり、このような折衷案にすることによって、子どもたちの「やりたい」を中心に据えた実践を無理なく行えるようになります。

総合あるある落とし穴

及第点をクリアするために、もう一つ知っておきたいことがあります。それが「総合ある落とし穴」です。

勤務校で総合の実践を続けていくうちに、活動がうまくいかなくなる典型例があることに気づきました。この典型例を事前に知っていれば、かなりの確度で落とし穴を回避することができます。

[落とし穴その1]とりあえず調べてみる

たとえば、探究課題が防災だとします。子どもたちにとっては縁遠い課題です。この課題が子どもたちの自分事になるためには、まず「防災についての知識を得るようにしなければ…」と考え、とにかくも調べ学習を行いたくなりがちです。

しかし、子どもの側で「何のために調べるのか」が理解されていないと、「あれも調べた、これも調べた、じゃあ今度は…」といくら調べても際限がなくなります。また、調べてわかったことの使い道が不明確なので、何かを発表しようとしても、単なる事実の羅列となり学びが深まりません。結局、「だから、何?」と意味がわからず結末を迎えることになります。

こうした失敗を実際に経験したことで、勤務校では「とりあえず調べるはNG」という共通理解が生まれました。

この落とし穴を回避する手立ては、調べ学習に入る前の動機づけを行うことです。たとえば、次のような学習が有効です。

●家庭にある防災グッズを探して学校に持ってくる。
●学区域を探索して防災に関するものを見つけてみる。

このような活動を通して子どもたちが気づいたことを話し合えば、たとえばこんな意見が出てくるのではないでしょうか。

「うちの防災グッズは、屋根裏部屋で埃がかぶっていた」
「飲料水の賞味期限が切れていた」
「消火栓の周りに自転車がいっぱい駐輪していた」

こうした気づきをよりどころにしながら、子どもたちが調べてみたいと思える課題をつくっていきます。そうすれば、「その課題解決に役立ちそうな情報を調べてみよう」と促すことができます。調べる目的が明確な情報収集の活動になるということです。

［落とし穴その2］本時の授業のまとめをする前に次時の見通しを話し合う、まとめや見

通しの前に振り返りを書く

まとめをする前に次時の見通しを話し合うと、本時の到達点が共通理解されないまま次のことを考えることになるので、方向性にばらつきが生まれます。

また、振り返りでせっかく「次は○○をしたいです」と書いたのに、まとめや見通しの段階で「したかったはずの○○ができそうにない」ことに気づかされて、子どもをガッカリさせてしまうことがあります。いずれも「総合あるある落とし穴」です。

そうならないようにするための手立ては次の順序で行うことです。

① **【まとめ】** 本時のめあてに対してどういうことがわかったのか、どこまで進んだのかをまとめて学級全体で共通認識をつくる。
② **【見通し】** そのうえで次時は何をすればよいかを話し合う。
③ **【振り返り】** まとめ、見通しを踏まえて振り返りを書く。

まとめがしっかりしていれば、おのずと次にやるべきことが決まってくるので、短時間で次時の見通しが立ちます。この段階で、本時と次時の活動内容が学級全体で共通認識されるので、振り返りを書きやすくなるというわけです。

この「まとめ→見通し→振り返り」という順で活動するという考え方は、嶋野道弘先生（元文部科学省視学官）の指導によるものです。実際に行ってみて、勤務校ではこの順序がベストだという結論に至りました。

こうした「総合あるある落とし穴」を踏まえて考えたのが「総合の授業を成功させる30のコツ」（次頁の**資料2**）です。小学校学習指導要領や解説書からピックアップした項目もあるので、すべてが落とし穴対策というわけではありませんが、ぜひ参考にしてみてください。

最後に紹介するのは、子どもの学習の仕方（ここでは付せんの使用法）についての落とし穴です。

- グループのメンバー全員が、一斉に自分の付せんを場に出してしまうと、情報過多になって整理が進まない。
- 付せんを場に出す際に書いたことを口頭で説明するようにしておかないと、グループメンバーがそれぞれに読まなくてはならなくなり時間がかかってしまう。
- 付せんを分類する際に、内容をよく理解しないままちょっと似ているだけで付せんを重ねてしまうと、微妙な差異に目が向かなくなる。

資料３

付せん整理の極意７（セブン）

① 付せんを出す順番を決める。
② １番の人が、１枚の付せんを出しながら、その内容を簡単に話す。
③ 他の人の持っている付せんの中で、似ている内容の付せんがあれば、その付せんを出しながら、その内容を簡単に話す。
④ 似ている付せんは、近くに貼る。
⑤ ２番以降の人が、持っている付せんがなくなるまで、②～④を繰り返す。
⑥ 出し合った付せんが増えてきたら、丸で囲んだり、名前を付けたりする。
⑦ 仲間と仲間のつながりを考え、矢印や説明などを書き加える。

ダメ！絶対！

★付箋を一斉に出すこと。
★付箋を黙って出すこと。
★付箋を完全に重ねてしまうこと。

こうした失敗に対する反省から作成したのが、「付せん整理の極意７（セブン）」（**資料３**）です。失敗するのがわかっている事柄を定型化し、３年生の段階で付せんの使い方を指導してしまうわけです（もちろん、失敗するのがわかっていてあえて失敗させ、そこから学ぶことを重要視するという考え方もありだと思います）。

＊

ここまで紹介してきたことは、研究主任として各学年の総合に携わったり、自分自身が実践したりするなかで見いだしたコツやセオリーです。確かに、それだけで実践の質が格段と向上するわけではありませんが、及第点の総合を考えるとき、このようなテクニックはとても大切だと私は思います。

（松村　英治）

・思考ツールは、提示されたものを使用→いくつかのなかから選択→活用して使いこなす、といったステップを想定して全教科等を通して指導する。

その9「『④まとめ・表現』では、考えや意見を交流し、次の課題の設定につなげる」

・模造紙にまとめて発表するのが、まとめ・表現ではない。
・調べたことではなく、それを通して形成された考えや意見を交流すると、新たな課題意識が生まれてくる。

その10「総合でも、5mm方眼のノートを使う」

・ワークシートは準備が大変＆子どもの思考を制限しがち。
・A4サイズの大きなノートにするとのびのびと使えて、資料も貼りやすい。
・各教科等で学んだノートの書き方を活用できるようにしたい。

その11「総合では、単元名を子どもたちと話し合って決める」

・単元名を決められそうな瞬間を見極めることが大切。
・単元の中心となる活動やゴールが見えたり定まったりしたときがチャンス。
・単元名に入れたいキーワードを出し合い、合体させながら決める。

その12「単元の序盤、わからないからとりあえず調べる、ということはしない」

・調べて実践して広げる、という流れにどうしてもしてしまいがち。
・目的なき調べ学習は、時間の無駄になり、意欲の低下を招く。
・まずはやってみて、そこから課題を見いだすことが先決。

その13「グループで話し合ったあとは、グループごとの発表・報告はしない」

・グループ→全体という流れにはA～Dの4タイプがある。
・総合の話し合いではAを重視し、グループでの意見交流を基に、全体の場でも自分の意見を述べることを求めていくとよい。

その14「毎時間の終わりの5分間は、振り返りを書くために充てる」

・文章を書く機会をつくることで、1時間の学びが整理される。
・振り返りは、視点はあえて与えずに自由に書かせると、一人一人の学びがよくわかり、子ども理解と授業準備に生かせる。

その15「探究のサイクルを細かくする」

・35時間単元で探究の過程が2サイクル程度だと、1つ1つの活動が長すぎて個人差が開く。
・課題を更新する回数が少ないと、考えの深まりが見られにくい。
・10時間以内で1サイクルを目安に単元を構成するとよい。

資料２　総合の授業を成功させる30のコツ

その１「授業の終わりに、次の授業のめあてや見通しを児童と話し合って決める」

・次の授業は何をしたい？（すべき・したらいい）と問う。

・決めておけば、授業の準備がしっかりとできる。

・次の授業のスタートが非常にスムーズになる。

その２「総合でも、授業の終わりにはまとめをする」

・まとめとは、学習した内容や方法、進捗状況などの整理や確認である。

・総合では特に、めあてに対する達成度や進捗状況を確認する。

・まとめをすると、次の授業でやるべきことが自ずと見えてくる。

その３「振り返りを書くのは、まとめをし、次の授業の方向性を決めたあと」

・実践の感覚では、この順序は鉄板。

・本時で考えたことを書く子もいれば、次時に向けて考えたことを書く子もいてよい。

・振り返りの記述が豊かになり、コメントを入れたくなる。

その４「授業のはじめは、めあての設定ではなく確認をする」

・前時の終わりに、本時のめあては決まっているはず。

・今日は何をすることになっていましたか？と問う。

・確認だけで済ませ、主たる学習活動の時間を確保する。

その５「探究の過程を経由する」

・総合には、①課題の設定、②情報の収集、③整理・分析、④まとめ・表現、というプロセスがある。

・それぞれが１時間ずつでもないし、順序が固定されているわけでもないことに留意。

その６「『①課題の設定』では、ギャップや憧れを生み出す工夫をする」

・課題は子どもが設定するものだが、子ども任せを意味しているのではない。

・ギャップは、何とかしなければという使命感を生む。

・憧れは、自分たちもやってみたいという意欲を喚起する。

その７「『②情報の収集』では、その目的を明確にする」

・目的なき調べ学習は、無意味かつ時間の無駄である。

・いくつかの候補のなかから１つを決めるという目的の下で情報を収集すると、自分にとって必要な情報がかなり明確になるので、特におすすめ。

その８「『③整理・分析』では、思考ツールを活用する」

・情報のコピペから脱却するには、この段階の充実が欠かせない。

・①整合性、②効果性、③鋭角性、④広角性、などの視点から、探究の過程が高度化する。
・①自己課題、②運用、③社会参画、などの視点から、探究が自律的に行われる。

その24「夏休み・冬休みに情報収集の活動を設定する」
・何かを決める活動は、学期末ではなく次の学期のはじめに行う。
・その決定に向けて、長期休業中に情報収集の活動を設定。
・学校ではできない調査や体験に取り組む子どもが出て、休み明けの話し合いが充実。

その25「探究的な見方・考え方には、2つの要素が含まれる」（解説p.9～10を参照）
・①各教科等における見方・考え方を総合的に働かせる。
・②広範な事象を多用な角度から俯瞰してとらえ、実社会・実生活の課題を探究し、自己の生き方を問い続ける。

その26「思考ツールは、発揮してほしい思考スキルとセットで考える」
・思考スキルは、10個の「考えるための技法」として解説p.84～85に例示。
・授業のねらいを基に、活用したいツールとスキル、その結果生み出されるアウトプットまでをセットで構想する。

その27「課題が発展的に連鎖するように単元構想する」
・単元指導計画のなかに、子どもが設定する課題を明記する。
・その課題だけを取り出して並べたときに、発展的に連鎖しているかを確認する。
・課題の発展的な連鎖こそが探究的な学習の深まりにほかならない。

その28「探究は、コンテンツとプロセスの2つから成る」
・自校の総合が探究になっているかは次の2つからチェックする。
・コンテンツ：物事の本質を探って見極めようとする知的営みになっているか。
・プロセス：探究の過程①～④を繰り返し経由しているか。

その29「プログラミングの体験は、探究的な学習の過程に適切に位置づける」
・プログラミングなしでも成立するが、あると学びがさらに豊かになる単元を構想する。
・プログラミングの体験を入れるのであれば、問題解決や情報発信の場面で活用するとよい。

その30「子どもの思いを生かすために、教師が思いをしっかりともつ」
・子ども中心という名の下で子ども任せで放任する授業は、総合ではない。
・教師が思いをしっかりともって子どもに活動を委ね、その上で質の高い指導や支援ができるように授業力を磨いていく。

その 16「エリアの広がりは、学びの深まりではない」

・たとえば、ここがわかったからあっちも調べる、というのがエリアの広がり。

・これは生活科的な発想で、総合の学びの深まりではない。

・広げるのではなく１つを掘り下げて深めるイメージで単元を構想する。

その 17「探究の過程における情報の『拡散と収束』を意識する」

・②情報の収集、④まとめ・表現、の２つは拡散。

・①課題の設定、③整理・分析、の２つは収束。

・広げたら絞る、絞ったら広げる、というイメージをもって指導にあたるとよい。

その 18「設定する課題を、レッツ型からクエスチョン型にする」

・〜しよう（レッツ型）では、活動の目的が不明確になりがち。

・〜だろうか（クエスチョン型）だと、それを解決するための活動が定まりやすく、活動後もその問いが解決されたかの判断が容易になる。

その 19「グループごとの調査活動は、何をではなく、どのようにで分ける」

・何を調べるかで分けると調査の目的や内容がバラバラになり、交流・共有の必要感が薄れる。

・課題を解決するための調査の目的や内容は共通にし、調査方法でグループを分ける。

その 20「所見は、評価規準を具体化しながら書く」

・総合も他教科等と同様に、評価規準に基づいて学習状況を評価する。

・全体計画で各学校が定める目標や内容、年間指導計画内に示された評価規準などを確認し、それと子どもの学習状況を照らし合わせていく。

その 21「総合で形成したい概念は ESD の６つの概念を参考にする」

・事実的知識は何度も活用・発揮されるようにして概念的な知識へ高める。

・ESD の６つの概念（多様性・相互性・有限性・公平性・連携性・責任性）を参考にし、本単元で形成したい概念を想定する。

その 22「GW 明けまで総合の授業は行わない」

・全体計画と年間指導計画を基に、指導や活動の方向性を学年で検討するのは時間がかかる。

・４月のスタートを目指すと検討の余裕がなく、前例踏襲になりがち。

・４月は教員が総合の教材研究をする時間に充てる。

その 23「質の高い探究のイメージをもつ」（高等学校の解説 p.9 を参照）

第3章
専門教科を軸にして他教科等の指導を充実する

第1章では総合に対する悩みや課題、可能性について、第2章では及第点をクリアできる総合の考え方や単元モデルについて語ってきました。

そこで本章では、生活科を専門とする私自身の取組を紹介し、続く第4章で総合を専門としない4人の先生方の実践を紹介します。

●生活科を専門とする私が、どのようにして生活科に出合い、実践を通じて生活科の素晴らしさを実感するものの、それゆえにどのようなジレンマを抱くに至ったか。
●生活科を通じて身につけた「単元構想力」が、いかにして総合、国語、算数の授業の充実に結びついていったのか。

アサガオを育てて子どもが育つ

生活科との最初の出合いは小学生のときです。家からちくわやするめを学校に持っていき、学区域の池に行って手づくりの釣り竿でザリガニ釣りをしました。

町探検では、母校のすぐ近くにある文房具屋さんに行ってインタビューをしました。

野菜の栽培では、母に相談すると「あんたは水やりとか小まめにできない性格だから、ピーマンがいいと思うよ。ピーマンは多少水やりを忘れても丈夫に育つから」と言われ、ピーマンを育てることにしました。

直接体験が伴っているからか、いくつかの単元のことを思い出すことができます。それと同時に、「生活科なんてやっているから学力がつかない。社会と理科に戻したほうがいい」という母のぼやきまで覚えていて、当時の社会の雰囲気としては母の考えが主流だったのだと思います。

それから10年以上が過ぎて大学に入学した私は、卒業後の展望も特になく、「高校の化学の教師にでもなろうかな」くらいしか考えていませんでした。幸いにも恩師に恵まれたこともあり、教師という仕事には前向きな気持ちをもつことができていたからです。

そのときふと、こんな考えが頭をよぎりました。

「もし本当に高校の教師になったら、中学校とは接点があったとしても、小学校とは一生縁がなくなるかもしれないな」

ひとたびそう思うと、居ても立ってもいられなくなり、大学2年生のときに小学校での学習支援ボランティアに申し込みました。このとき、たまたま行くことになった小学校で素晴らしい出会いがありました。

一人は、山田誠校長（東京都小学校生活科・総合的な学習教育研究会元副会長）、もう一人が、生活科や総合では都内で指折りの実践者だった小辻美智恵先生です。その小辻先生から「一緒に生活科を実践しようよ！」と勧められたのが、私と生活科との出合い直しです。

といっても、当時の私が生活科に対して特別の思いをもっていたわけではありません。「砂や泥で遊んでいる子どもたちって面白いよね～」「この子が書いたカード、すごいよ！」と声をかけてもらっても、あまり心に響きませんでした。

それが変わった契機は、小辻先生から勧められた1冊の書籍です。生活科の教科調査官・視学官を務められた嶋野道弘先生の『生活科の子供論―1人1人が輝いてみえますか』（明治図書出版、１９９６年）でした。

この書籍には、「アサガオを育てて子どもが育つ」（62～64頁）というエピソードと分析があります。それを読んだとき、生活科が目指していることの素晴らしさや大切さに突然気がつき、全身を雷に打たれたくらいに気持ちが揺さぶられました。アサガオを育てながら、その育ち方や世話の仕方がわかればよしとされるであろう低学年理科とは異なる学びが、生活科にはあることに気づかされたからです。

「自分が毎日水やりをしたから、芽が出たよ」

「花が咲いたのは、自分が世話をがんばったからだよ」

「続けることってむずかしいけれど、自分のアサガオのためにがんばることができたよ」

生活科では、自分とのかかわりで対象をとらえたり、自分の成長に気づいたりすることが大事なのだと知りました。思わず母に「生活科って、社会や理科とはねらいが全く違っていて、自分とのかかわりで学んでいける素敵な教科なんだよ！」と伝えたほどです。私の心はワクワク感でいっぱいでした。

そんな私には、〝どんなことでも効率的にこなしたい〟というパーソナリティがあります。(あくまでも自分視点ですが) 無駄があるともったいないと思うし、短時間で高いパフォーマンスを発揮するにはどうすればいいかと常に考えます。

中学生時代、高校時代を思い返すと、勉強と部活を両立させながら、いかにして効率よくテストの点数を上げるかばかり考えていたように思います。

それに対して、生活科は、効率とは縁遠い教科です。むしろ、無駄を楽しむ教科だと言っても過言ではありません。生活科の初代教科調査官であった中野重人先生も、著書のなかで「道草の見直し」と述べられていたとおりです。

大人から見れば、ただ無邪気に遊んでいるだけのように見えることのなかに、子どもが成長するために欠かせない意味ある学びがある。そこに寄り添いながら授業をつくっていく。「よき生活者」の育成を目指す生活科は、何歳になっても自分なりの楽しみを見つけられる、身近な環境とのかかわりを楽しみながら生きていける、そんな大人を育てようとしている。

この考え方に触れたとき、私という存在は、生活科が目指す人間像の対極にいることを再認識しました。他方、対極であるからこそ、〝自分自身の成長を促すためには生活科が必要なのではないか〟と感じたのです。

子どもたちの成長に寄り添いながら、自分自身の第2の人生を生き直す。そんな思いで、私は生活科にのめりこんでいったように思います。

*

〝子ども自身が、自分とのかかわりのなかで自分を感じながら学ぶ〟という姿が生まれるためには欠かすことのできないことがあります。それは、「おもしろそう！」「やってみたい！」という子どもたちの思いや願いを活動の出発点にすることです。教師による〝やらされ感〟では活動のスタートを切れないと言い換えることができます。

実践のスタートを切る子どもの意欲は、自然と生まれるわけではありません。授業をどう組み立てるか以前に、どうしたら子どもたちの意欲や興味が高まるのか、いまどんなことに関心をもっているのかをつかんでおく必要があります。そんなふうにしているうちに、教師のほうこそ、単元や授業に対する思いや願いが重要だということがわかってきました。

その間も、ボランティアとして小辻先生の教室に入りながら4年間にわたって学びながら、「自分も、こんな生活科の授業をやってみたい！」という思いを膨らませていきました。

そして、念願叶って平成24年4月、新規採用教員として東京都足立区立千寿常東小学校に着任します。担任するのは1年生、生活科の授業を行える学年でした。

「劇場型」から「立ち上げ型」への授業転換

新規採用から6年間にわたって低学年を担任する機会を得ました。その間に、生活科の授業の仕方も変わっていきます。一言で言えば、「劇場型」から「立ち上げ型」への転換です。その変容と並行して、生活科だけでなく、特に国語においても、子どもの思いや願いを出発点とする授業をつくれないものかと考えるようになりました。

ここで言う「劇場型」の生活科とは、あらかじめ教師が作成した（割とドラマチックな）シナリオがあり、そのシナリオに子どもたちを乗せる仕掛けを打つ授業です。たとえば、教員1年目のアサガオの栽培単元の導入では、次のようにしていました（平成24年5月10日発行の学級だより「たからもの」第6号より抜粋）。

「1年2組が育てるしかない！」
（前略）この季節探しで子どもたちが気づいたのは、校庭から桜の花や菜の花、チューリップがなくなってしまったこと。「みんな、どうする？」と問いかけると、「寂しい」「夏に咲く花を育てたい」「育てないとお花がなくなっちゃう」「1年2組が育てるしかない！」という意見が出ました。

しかし困ったのは、種を持っていないこと。子どもたちは、「家にある人は持ってくる」「家にない人はおうちの人に買ってもらう」「枯れた花から取る」「松村先生が頼む」と知恵を出し合いました。1日置いて9日（水）、「校長先生に頼んでみたら、種を何とかしてくれるかもしれない…！」と子どもたちには投げかけておきました。

そして今日10日（木）、校長先生が1時間目に2組に来てくださり、「常東小を1年2組の力で花いっぱいにしてほしい。頼んだよ」と秘密の種、お花の命を子どもたちに預けてくれるストーリーになる予定です。

校長先生に頼み込んで行ったドラマチックな展開です。この演出によって、子どもたちは「校長先生から任された！」と感じ取り、高い意欲をもって栽培活動をスタートすることができました。

その後も、差し込み資料を用いた道徳の授業と関連させながら、子どもたちのアサガオへの思いを膨らませていくことができたし、私自身も手ごたえを感じていました。その一方で、〝作為的にすぎるのではないか〟という気もして、モヤっとしている自分をも感じていました。

次は、『幼児の教育』に寄稿した私の実践記録の抜粋です。


「疑似子育てに対する意欲を高める話し合い」

道徳の時間には、読み物資料『いのちのこえ』を読んで、自分が校長先生から預かった種の声を聴いた。「早く土に入れてよ」「君よりも大きくなるよ」「大人になりたいな」という声を聴いた子どもは、「種はお花の赤ちゃんなんだ！」「僕が新しい命のお父さんになるよ」「私はお母さんになりたい」と語り始めた。ここで、アサガオの世話の仕方を話し合った。

（日本幼稚園協会発行『幼児の教育』２０１４年夏号59～65頁、フレーベル館）


当時の実践記録を読み返すと、いま私が行っている以上に指導計画や手立てが明確です。しかしそれは、自分の指導力への自信のなさの裏返しでもありました。なぜ、それほどまでに手立てを考えていたのかは、子どもに任せるのが不安だったからです。

このころは、（子どもたちが自ら考えることを大切にしつつも）授業の方向性は私が決め、さまざまな仕掛けを打つことで、子どもたちを引っ張っていく生活科でした。こうした方法が悪いわけではないのですが、いろいろな研究会で先生方の実践内容に触れるうちに、子どもたちが自分自身で活動内容を決めていける生活科にできないものかと考えるようになったのです。

〝もっと子どもたちに正直になって、隠したり取り繕ったりせず、ありのままを話して一緒につくり上げることだってできるはずだ〟と。それが「立ち上げ型」の生活科をつくる出発点でした。子どもたちが単元を立ち上げ、計画や見通しをつくり、それに沿って活動を進めたり、ときに立ち止まって進め方を修正したりする授業です。

次の文章は、平成28年5月16日発行の学級だより「ビッグバン」第17号からの抜粋です。

なかよしタイムの読み聞かせで、「なぞなぞのおみせ」の答えの一つがアサガオだったときに、少しだけ話題になったアサガオ。ビッグバン第18号でお伝えしている第1回学級会で、「生き物係」という意見が出てきたときに、「お花を育てたい！」「でも、係じゃなくて自分で育てたい！」「育てられそうなのはアサガオ」といった話になりました。そこで、12日（木）の生活科では、アサガオのことで知っていることを出し合うことにしました。

知っていることをなるべくたくさん付箋に書いて、それから発表し合いながら、仲間分けをしていきました。はじめは私が仲間分けをしてカテゴリー名をつけていきましたが、子どもたちが大体わかってきたようだったので、発表したら自分で付箋をしかるべき場所に貼るということにしていきました。

園などで育てた経験がある子が多く、それは一人一鉢の場合もあれば、当番活動として友達と交代しながら育てていた場合もあるようでしたが、「はなのいろ」のことをよく覚えていて、赤、水色、紫、ピンクなどのいろいろな色の花が咲くという意見が多く出てきました。

また、「種の形は石みたい」「種は小さい」「種の色は黒」などの「たね」、「アサガオは巻きつく」「アサガオの蔓はすごい」などの「つる」、「アサガオは朝に咲く」「アサガオの咲く頃は夏」などの「はな」、「アサガオの種はアサガオがしぼんだときに出てくるよ」「アサガオはしおれてから種ができるんだよ」などの「たねができる」、「アサガオの育て方①最初の日、まず植木鉢に土を入れる。②ちょっと掘って種を入れる。

③「水をあげる」「アサガオに水をたくさんあげる」などの「そだてかた」、「アサガオは、水や土や種が要る」「アサガオは蔓が出るから棒が要る」などの「ひつようなもの」、といったカテゴリーができました。

そこから、育てるためには、「土、種、棒、水、じょうろ、植木鉢、肥料」が必要だということになり、自分の家で全員が準備できるのは「ペットボトル」だということになりました。（そんなわけで、連絡帳でペットボトルをお願いしています。）また、他のものについては、「みんなのおうちの人から先生がお金（教材費）を預かっているから、それで準備をしておくね」と伝えています。

これは、直近で1年生の担任をしたときの実践です。

係活動について話し合う学級会のなかで花の話題が出てきています。このときの私はいくつかの手立てを考えていて、「学級会で出てこなかったら、校庭探検のときに出てくるといいな」などと思い描いていました。

子どもも任せということでは決してなく、子どもたちの学びの道筋を緩やかに描き、手立てを複数もっておけば、子どもの思いや願いに寄り添える可能性が高まります。「指導力が高まった」と表現しているのは、そういう意味です。

また、上記のエピソードでは、「ペットボトル以外の必要なものは教材費で購入する」とありのままを伝えています。

地域の花屋に種を買いに行く方法、植木鉢も各家庭で用意して学校に持ってくる方法もあります。しかし、そうした方法は選択しませんでした。本校は1学年4クラスある大規模校なので、学年全体で足並みを揃えるたいへんさをなくし、その手間暇をほかの活動に注力するために、さくっと教材費で買うことにしたわけです。

*

そのころ、研究授業の講師から「子どもたちは、園のときに、もっとダイナミックに活動していたのではないですか？」と指摘を受けたことがあり、翌日の朝の会で早速子どもたちに率直に尋ね、今後の活動の方向性を一緒に考え直すこともしました（拙著『学びに向かって突き進む！1年生を育てる』東洋館出版社、71～75頁で詳述）。

また、単元の終わり（仕舞い方）も、子どもたちが話し合って決めていけるように指導の仕方を転換させていきました。

授業の緻密さとワークシートの落とし穴

子どもたちと一緒に単元や活動をつくっていく生活科授業に挑戦できるようになってくると、今度はほかの悩みが頭をもたげてきました。それは、（あらかじめ決められた単元で授業を展開する）国語や算数などの教科書ベースの教科とのギャップです。

これは、教科特性による差異だと考えることもできると思います。しかし、本来はどの教科等での学習も、子どもの学びという一点につながっているはずです（そうでなければ、総合において、他教科等で働かせている「見方・考え方」をもちよることができなくなります）。

もし、教科等によって学習の仕方がまるで違うのであれば、子どもたちの側の学びの辻馬が合わなくなるのではないか。そうならないようにするためには、（教科書や指導計画どおりに進めるだけではなく）生活科の授業を通して培った指導力を生かして学習を行えないものかと考えていたのです。

ちょうどそのころ（教員2年目）、相馬亨先生（拙著『「学びに向かう力」を鍛える学級づくり』の共著者）が勤務校に異動してきます。7つほど年は離れていますが、相馬先生のほうから私の授業に関心を向けてくれたおかげで、お互いの授業を見合うようになりました。

そのときに明確になったポイントが次の二つです。

●身につけたい力を明確にすること。

●その力を身につけるための学習活動を適切に設定すること。

子どもたちが願っていることは、（できればどの教科等においても）「できるようになること」です。国語や算数はその代表格です。教師になって間もないころの私の国語授業は、かつて小学校時代に受けた授業の再生産でした。文学的文章の授業に顕著で、いわゆる「場面読み」で登場人物の気持ちを問うことを繰り返していたわけです。

そんな授業を見てくれた相馬先生から、こんな指摘を受けます。

「そのような授業では、授業のビフォー・アフターで子どもたちの力に変化がない」

そこで、主に筑波大学附属小学校の国語教育関係の書籍を読んだり、実際に授業研究会に足を運んだりして得た情報を基に、2人で一緒に単元の学習活動を構想したり、授業を見合って気づいたことを伝え合いました。その結果、たどりついたのが、先の二つのポイントです。

こうして振り返ってみると、国語授業への自分のイメージをいったんリセットして、臆せず授業改善に取り組めたのは、生活科で単元を構想することに慣れていたからだと思います。

国語授業においては、教科書教材を扱うことがマストではあるものの、どのような単元にするかについては教師に一定の裁量があります。特に「読むこと」の単元はそうだと思います。この点に着目できたおかげで、生活科との親和性に気づくことができました。

さらに、国語の単元はおおむね6時間構成であることが多く、10時間を超える単元が少なくない生活科の単元構想に比べれば、むしろハードルが低いとも思えるようになったのです。

それと、このころに気づいたことがもう一つあります。それはワークシートの落とし穴です。

当時の私は、本時1時間の授業で完結するワークシートをよくつくっていました。子どもの見通し、振り返り、まとめなどを通して、子どもの考えをつかむのに適していると感じていたからです。しかし、その後、このようなワークシートに頼る限り、子どものほうは肝心の力がつかないことに気づかされることになります。

当時の私は、〝単に楽しい授業とか、子どもたちが喜ぶ授業だけではダメ、授業を通して力が身につくことが必要、そのためには緻密に授業を計画しなければならない〟と考えていました。この考え方自体はいまも大切にしています。問題はそのやり方でした。

次第に自分が計画したことを計画したとおりに進めたくなり、授業の流れや教えたいことのすべてをワークシートに詰め込むようになったのです。教科書や指導書とにらめっこして、毎時間どの問題をどのような順序で扱うのが効率的かを考えて作成した1枚のワークシートです。

すると、子どもたちは私の思ったとおりに学習に取り組むようになり、できることも着実に増えていきました。しかし、その一方で、ワークシートがなければ学習できない子どもたちにもなっていたのです。

この実践を通じて力がついたのは、教師である私自身でした。

一時間一時間の授業で明確なねらいをもち、ねらいに即した学習活動を構成するなど、授業を構想する力がついたのは間違いありません。しかし、私の力量を向上させる手段としてのワークシートである限り、子どもたちは力をつけることができないことに、このときようやく気づいたのです。

どの教科等でも子どもの思いや願いを出発点とする可能性

ここまで、生活科と他教科等における私自身のジレンマについて語ってきました。これは、私のなかで教科教育における分断とも言うべきもので、諸問題の根源的な悩みでもありました。

生活科は昭和の終わりに創設された（他教科等に比べれば）比較的新しい教科です。そのためか、（存立理由を示すために）他教科等との違いを強調しすぎてきたのではないかと私は考えています。

その結果、生活科の有する固有性ばかりが際立って見えてしまい、多くの教師にとって〝敷居の高い（よくわからない）教科等である〟といった受け止めにつながってしまったのではないかと思うのです。この認識が的を射ているのならば、そろそろ発信の仕方を見直す時期が来ているのではないか…とも。象徴的な言い方をすれば、〝分断から統合へ〟というメッセージです。

私の場合は、スタートカリキュラムとの出合いが、その転換点となりました。平成27年度、当時の校長の命を受けて「スタートカリキュラム　スタートブック」（国立教育政策研究所）に基づく実践に挑戦する機会を得ました。

本資料のキャッチコピーの一つに、「ゼロからのスタートじゃない！」があります。子どもたちは幼児期の遊びや生活を通してたっぷりと学んできている、安心感さえあれば自己発揮して生き生きと成長していくことができる、というコンセプトから生まれたキャッチコピーです。

スタートカリキュラムの軸となる教科は生活科であるとはいえ、それだけが守備範囲ではありません。国語や算数などの他教科等はもちろん、朝の時間などの授業以外の時間もすべて含めた、子どもたちの学校生活丸ごとが含まれます。

そうである以上、生活科と他教科等が分断してしまっていては、スタカリそのものが成立しなくなります。そこで私は、生活科以外の教科等の授業でも、事あるごとに「幼稚園や保育所ではどんなふうにやっていたの？」と子どもに問いかけながら話し合い、学習活動を一緒に考えていくようになりました。

国語では、単元のはじめに、「やりたいこと」（子どもたちの思いや願い、興味や関心）と、「やるべきこと」（身につけたい力を身につけるために必要な活動）を出し合います。その後、双方を並べ替えながら学習計画を立てていきます。

算数であれば、単元の後半に自分の苦手なところ、習熟が不十分なところを子ども自身が選んで復習する時間（自己選択の機会）を設けながら、学力の定着を目指しました。いずれも教職4～6年目の実践です。

多少なりとも教師としての経験が積み上がってきたこともあって、子どもたちの思いや願いをもとに学習をつくっていく指導計画を考えられるようになっていきました。

このころのデータを掘り起こしてみると、「学習計画」という名のワークシートが見つかりました。第1時の枠は「身につけたい力を確認し、学習計画を立てる」と書いてあります。第2時以降の枠はすべて空欄です。子どもたちと一緒に考えながら記入する仕様です。かつてのような、教師である自分のやりたいことを詰め込むようなワークシートではなくなっています。

こうした実践を行ううちに、生活科と他教科等の分断が、理詰めではなく、感覚的に自分のなかで結びつき、やがて統合されていきました。スタカリの実践を通して、教科等を問わず、子どもの思いや願いを出発点とする授業を構想するようになったことがよかったのだと思います。

ただ、そうは言っても、教科には教科固有の特質があります。すべての教科で同じ方法を（何の工夫もせずに）はめ込もうとすれば、必ずどこかで無理が生じるでしょう。そのため、ベースとする考え方を軸としながらも、各教科等のよさ、各教科等間の共通点と相違点を踏まえた取組が必要になります。

教科等を通底する共通点と特質に基づく相違点

子どもは有能な存在であるとはいえ、教師がもっていないものを自力で見いだすのはむずかしいし、あえてやろうとすれば時間がかかりすぎて活動が迷走してしまうでしょう。そのため、身につけたい力を明確にし、指導計画を作成するのは、教師の仕事です。

その際、教科書の指導書や赤刷り本、書籍、SNSの情報などを頼りにするのは大いにあり得ることです。自分が特に力を入れている教科等や単元の場合には、学習指導要領解説を一読するのも欠かせませんが、実際にそれができるのは年に数回だと思います。

つまり、どのような方法でもよいのですが、教師である自分自身のなかで〝何をもって学習のゴールとするのか〟〝そのためにどのような学習プロセスを描くのか〟を明確にすることが必要になります。そのうえで、可能な限り子どもたちと一緒に学習をつくっていくことが大切だと思います。

この部分が、教科等を通底する共通点だと思います。つまり、どの教科等であっても、この「可能な限り」をなるべく広げることが望ましいということです。

もちろん、教科等ごとの特質という相違点もあります。わかりやすい例で言えば、学校教育法施行規則（別表）に定める標準授業時数や、学習指導要領に定める指導事項、教科書の指導計画が定める単元ごとの時間数の相違です。これらの諸点を抜きにして、子どもたちの思いや願いを生かすことはできません。つまり、一口に「子どもと一緒に学習をつくる」といっても、教科等によって可能な範囲やタイミングが異なるということです。

では、いったい何が「可能な限り」を広げたり狭めたりするのか。それは、自身の経験年数やそれに応じた授業力、特定の単元に対する自分で設定した重要度がかかわってくると思います。裏を返せば、教科が違うから「可能な限り」を広げられないということではないということです。

例を挙げると、国語科の「スイミー」については、学習計画を立てる場面でも子どもたちの意見を徹底的に反映させることができました。これは、教材研究もさることながら、私にとって「可能な限り」を広げやすい単元であったことに加え、経験のなせる業でもあったように思います。逆に、生活科であっても家族単元の場合はちょっとやりづらいと感じる単元でした。単元の入り方が少し意図的で誘導する場面が多かったように記憶しています。

このように、教科固有の特質という軸だけではなく、自分でどれだけのことが賄えるかといった指導力の軸、この単元にどれだけの力を注ぐかといった意識の軸といった複数の軸を使い分けながら授業に臨むことができれば、教科等の垣根を乗り越える余地が生まれるということです。

私自身、このような考え方に至ることができたことで、〝生活科は他教科等とは違う〟という認識を改めることができました。要するに、**教師が明確なゴールとプロセスを思い描いて、子どもたちと学びを一緒につくっていくという教育行為は、教科等を問わないということです。**これは、当時の私にとっては新たな（ベテランの先生方にとっては、きっと不易な）認識だったのです。

「可能な限り」を広げる「単元構想力」

生活科には教科書があり、指導書もあります。比較的新しい教科とはいえ、30年以上もの実践の積み重ね（先行研究や資料）があります。典型的な単元とその流れもある程度定型化されています。

こうした典型的とも言える既存の単元構成と学習展開を、子どもたちの姿、自分の授業力、勤務校の状況に応じてアレンジする力こそが、本項で言うところの「単元構想力」です。材を自分で見つけ出してきて、ゼロベースで単元を創り出す力ではないということですね。

たとえば、栽培単元にしても、〝アサガオよりも別の花のほうがよいのではないか〟と疑問をもつことはあまりないはずです。アサガオは非常に育てやすく、成長の様子もわかりやすいので、代替する材を考える必要がないからです。そこで、「アサガオを育てる」ことはそのまま受け入れ、育てるなかで何を学びの場とするかを考えることに集中しました。

ある年は、アサガオが咲いたときに保護者を招き、「アサガオ市」を開くという活動を行いました。自分のアサガオ自慢や、がんばって世話してきたことを保護者に伝える活動です。別の年には、「自分のアサガオからできた種を数え、友達や自分が最初に蒔いた種の数は一緒だったのに、どうしてできた種の数がこんなにも違うのか」について話し合ったこともあります。

このように活動をアレンジする力（単元構想力）身につけるために必要なことは、常にプラスアルファを求め続けることだと思います。多くの先生方も、次のような思いを抱きながら授業準備に臨んでいるのではないでしょうか。

〝昨年度はうまくいかなかったこの単元を、今年度はどうしていこうか〟
〝今年度の子どもたちは好奇心が特に旺盛だから、この単元で生かしたい〟
〝本校の特色が生かせそうな単元だから、何とか工夫したい〟

ただ、思いがあれば自然と身につくか力ではないので、日々の忙しさに流されず、授業を通じて感じ考えたことをノートに書き留めるなど、自分の試行錯誤を記録として残し、絶えず読み返し、振り返り続けながら〝次に何ができるか〟を考え実行に移す。この積み重ねが、単元構想力を鍛えていくのだと思います。

そのようにしていると、今度は自分の実践を一般化・類型化できる力量へと発展していきます（拙著『学びに向かって突き進む！1年生を育てる』東洋館出版社で詳述）。

●一つの単元全体を見通す一般化

●生活科の単元をタイプ分類できる類型化

これらは、生活科への自分自身の理解を深め、単元を構想する際のよりどころとしているものです（学年の同僚に伝えたり、学校全体に広げたりする際の共通理解ツールとして活用することもできます）。この単元構想力は、生活科でのみ生かせる力ではありません。国語や算数などの他教科等の単元を考える際にも生かせる力（「可能な限り」を広げられる指導力）だと考えています。

殊に、教科書のある教科等においては、教科書や指導書に即して授業をつくっていくわけですが、学校の方針や目の前の子どもたちの様子に応じて、何かしらのアレンジを加えているはずです。教科には教科固有の特性があることは自覚しつつも、この点については、教科等を問わない共通性だと思います。

ここに、どの教科等にも通ずる指導力の可能性があるのだと思います。

そして、総合の世界へ

6年間の低学年担任を経て、はじめて5年生（高学年）を担任することになります。つまり、7年目にしてはじめて社会科、理科、外国語活動、総合の授業を行わなければならなくなったわけです。

最初のうちは戸惑うことばかりでした。社会科については、そのころ同僚だった三戸大輔先生（拙著『指導技術アップデート［アイテム52］』、『教師のマルチタスク思考法』の共著者）の実践（単元の構成や1時間の授業づくりの様式）を真似させてもらうことで何とかなりました。

しかし、理科については、理科室の勝手もわからないままに実験や観察に追われ、子どもたちの意見を取り入れる余裕もなく、子どもへの指示も後手に回ってしまう日々が続きます。

そんななかでも自信をもって実践できたのが総合でした。

本校の総合は、学年共通のテーマのもとに行う、年間1単元70時間の実践です。一般的には、ハードルの高い実践方法だと思いますが、生活科での経験、研究主任として中・高学年の総合の授業づくりへのかかわりがあったおかげで、〝いよいよ自分も総合の実践ができるぞ〟と不安よりもワクワク感のほうが大きかったのです。

最初の年の学年テーマは「食」で、次のように単元を構想しました。これは、研究授業を行った隣のクラスの学習指導案で、私が主に作成を担当した部分です。

5　単元について

本校の5年生の総合的な学習の時間は、学年のテーマである「食」を基に、平成27年は一汁三菜、平成28年は魚料理、平成29年は出汁というように、毎年新たな実践に挑戦してきた。

今年度は、昨年度までの成果と課題を踏まえ、地域の飲食店に協力を仰ぎながら、商品開発に取り組みたいと考えた。

商品開発の学習のメリットとしては、ゴールが明確で、そこに至るプロセスを子どもがイメージしやすいこと、1つの商品を完成させるまでに課題が多くあり、探究のプロセスを繰り返し行う必然性があること、多くの人が手に取る可能性があることから、様々な立場から物事を考える力が育つと期待できること、などが挙げられる。

協力をお願いする飲食店を選ぶために、4月に担任4人で地域巡りを行った。駅前の商店街を中心とする様々な飲食店の中から、それぞれの担任の願いやクラスの実態などを基に飲食店を選び、協力を依頼した。

（後略）


前年度の「食」というテーマを引き継ぎつつ、地域の飲食店とコラボして商品開発するという新しい試みです。私のクラスは、学区域にあるエスニック料理店「ハヌマン」に協力をお願いしました（クラスによって扱う「食」は異なります）。その理由は次の三つです。

①前向きに協力していただけることが予想され、地域の方の優しさや心意気に触れることができる。
②インド人やネパール人など、外国の方と触れ合うことで、自分とは異なる他者と協働する

貴重な機会になる。

③商品開発をするにあたり、エスニック料理を調べることで、あまり親しみのなかった文化に触れるチャンスになる。

開発する商品を選定するにあたり、さまざまなエスニック料理を調べて比較しながら検討するなど、クラスでの話し合いを深めていきました。その結果、ベトナム料理のスイーツである「チェー」に、インド料理のスイーツである「クルフィ（アイス）」を合体させた「アイスチェー」をつくることが決まります。いかにしてオリジナリティあふれる商品にできるか、家庭科室で試作品をつくって試食しながら改善を図っていきました。

レシピをつくり上げると店の人に渡し、販売してもらうことができました。子どもたちは、協力してくれたお店の人たちへの感謝の気持ちを伝えるため、ネパール語でお礼の気持ちを伝えたり、ショートコントを披露したり、「パプリカ」（当時流行）を歌ったり踊ったりしました。

実は、開発する料理が「アイスチェー」になるまでの話し合いの途中、「チャウミン」（焼きそばのようなもの）が有力候補として挙がっていました。

私自身、炒めるだけでよい、具材や味つけも工夫しやすいことから、5年生の調理実践としても適切かと考えていました。そこで、「チャウミン」に着地するよう、こっそりと働きかけをしていたのですが、子どもたちの話し合いはスイーツのほうへと関心が向かっていきます。

私の想定とは異なりましたが、スイーツであれば火も使わないから安全に試作品をつくれるだろうと思い直しました（実際にはタピオカを茹でるときに火を使いましたが…）。また、店の人との「祝賀会」については、〝できるとよいな〟くらいのぼんやりさでした。それに対して、子どもたちから「やりたい！」という声があがったものだから、「じゃ、どんなことをしてみたい？」と水を向けたところ、生まれた発想が「ネパール語でお礼を言う」だったのです。

要するに、私が立てた指導計画は緩やかなもので大枠を決めるレベル（言わば、空白の多い計画）にとどめ、〝実践がこんなふうに動いていくといいなぁ〟くらいの思いで子どもたちの前に立ち、具体の活動内容や学習計画は、子どもたちの思いや願い、発想を出発点としてつくっていくスタイルを地で行ったということです。

そうは言っても、単元目標だけはしっかり立てるので、そこからズレたとき（ズレそうになったとき）には、教師として軌道修正を図らなければなりません。しかし、教師の一方的な指導によって修正を図ろうとしてしまえば元の木阿弥です。

積極的に働きかけるべきタイミングなのか、それとも子どもたちの思いや願いに乗っかるべきタイミングなのか、教師は即時的な選択・判断を迫られます。このあたりに、子どもの思いや願いをベースとする授業づくりのむずかしさがあるのだと思います。私の場合は、6年間にわたる生活科での経験が幸いしたのだろうと思います。

さて、こうした計画変更は、同じ学年の他のクラスでもありました。

次章では、学区域のパン屋の協力の下で商品を開発する実践（村松千恵子先生の実践）が登場します。この実践では、子どもたちが考案したパンをつくる手間暇を考えると、いつも店に並んでいる他のパンよりも圧倒的に少ない数しか用意できないことが、販売直前になって判明します。

当初は、他のパンと同様の数をつくってもらい、販売数を曜日ごとに集計して、自分たちが開発したパンの実績を調査する計画でしたが、それがすべて白紙に戻ってしまいました。しかし、このような事態こそが総合の学びどころなのではないかと考え直します（その後については次章で詳述）。

総合は、実社会や実生活を学びのステージとします。そのため、外的要因に子どもたちの活動が左右されることが少なくありません。いかに子どもの思いや願いを大事にするといっても、子どもたちの思いどおりにいくわけではないし、教師の計画どおりにも進まないのです。

実を言うと、（前述のような）不測の事態が起きたときこそが、子どもの学びが躍動するチャンスです。「ピンチはチャンス！」だと思えたことが、総合に対する指導観を形成してくれたように思います。

＊

子どもたちの思いや願いの連続性、一つの課題がより大きな課題や異なる課題に発展する過程、育成を目指す資質・能力との関連性、学年間での教師の情報共有が実践の質を左右するなど、総合は、スケールやサイズの違いはあっても、生活科と通底するものが多くあると改めて感じます。

私の場合には、生活科で培った「単元構想力」が総合でも生かされました。さらに、高学年担任3年目からは、特に国語や単元内自由進度学習でも活用できるようになっていきます。

国語の授業改善リバイバル

令和2年度は、どの教師にとっても経験したことのないスタートだったと思います。

新型コロナウイルス感染症予防のために学校が臨時休業となり、本校では4月の始業式はできたものの翌日からは再び家庭学習となりました。

その間、私たち教師も分散出勤と在宅勤務をしながら、家庭学習をサポートする仕事に従事しつつ、子どもたちの体調や様子を確認する仕事に携わっていました。その反面、これまでになかった時間が生まれました。

この時間を利用して、（第2章で紹介した及第点をクリアできる総合の在り方を構想することに加え）国語の文学的文章と説明的文章の教材研究に取り組むことにしました。具体的には、学期に1本ずつ教材（合わせて3本）を並べ、指導事項や学習活動について、すべての単元で共通に扱うことは何か、教材の特性に応じて選択することとは何かを整理し、系統立てた指導計画の策定に取り組んだのです。

これまでも、イメージはもっていたのですが、忙しさを理由にできなかったことの一つです（これまでは単元直前になって個別に教材分析するので精いっぱいでした）。臨時休業が明けて学校が再開されると、次のように子どもに伝えることができました。

「6時間単元の3時間は、どの教材でも同じように学習するから、5年生の終わりには自分の力でできるようにしよう」（繰り返す学習）

「今日の授業では、この教材でしか学べないことを学習するからね」（積み重ねる学習）

3学期になるころには、1学期と比べて、自分の力で読める（用語を使いこなしたり、読みの方略を活用して文章の構造を把握したりする）ことができるようになっていました。改めて、教師も子どもも系統性を意識しながら指導（学習）する大切さを実感しています。

この試みは、過去に相馬先生と学び合っていたころの国語の授業改善のリバイバルだったとも言えます。当時は自分の指導技術が不十分で、身につけさせたい力を明確にしても、詰め込み式のワークシートに頼るばかりで、子どもに力をつけさせることなどできませんでしたから。

それから10年近くが経って、単元の見通し、1年間の見通しをもち、子どもたちの意見を反映させながら学習を進めたり、必要に応じて教科書の指導書記載の授業時数を柔軟に増減させたりしながら、ある程度余裕をもって指導できるようになったように思います。このような成長をもたらしてくれたのが、私にとっては生活科や総合です。「単元構想力」が効いていい、いるのです。

低学年を担任していたころは、授業時数に余剰があったことから、各単元にプラスの時間を設定した学習計画のもとで存分に活動を行うことができました。それに対して、高学年だとそこまでの余裕はありません。そのため、学習計画は教師が示してしまうか、子どもたちとつくるにしても、誘導的な発問で発言を引き出しがちです。

それ自体が悪いとは思いません。しかし、私はどの学年、どの教科であっても、「可能な限り」子どもの思いや願いをベースに授業をつくりたいのです。

単元内自由進度学習への挑戦

（前述のように）4～5月の臨時休業中、私にとっては勉強し直すよい機会にすることができた反面、子どもの勉強はというと、穴埋めのようなプリント学習（宿題）が中心で、受け身の学習しかさせられませんでした。学校再開後は、ようやく登校できるようになったことを子どもと喜ぶ暇もなく、子どもの提出物のチェックに忙殺され、未提出があれば催促する日々が1か月ほど続きました。

正直なところ、子どもたちはうんざりしていたと思うし、私自身もそうでした。そして、それ以上に子どもたちに対して申し訳ない気持ちでいっぱいでした。もし、教科書を活用しながら子どもたちが自ら学ぶ方法や態度を身につける指導ができていたら、2か月もの家庭学習の質が別物になったであろうからです。

そんなとき、単元内自由進度学習の存在を知りました。同じ名称の学習方法は各地にあるのですが、私が触れたのは老舗である愛知県の緒川小の取組です。「密を避ける」ことが必須である状況下であっても、学習を個別化しながら充実を図る方法の一つとして注目されていました。

緒川小の取組については、『教科の一人学び「自由進度学習」の考え方・進め方』（小山儀秋監修、竹内淑子著、黎明書房、2019年）に詳しく、私は夢中になって読み、当時の学年主任や管理職に提案し、本校でも取り入れる了解を得ることができました。

国語は、前述の系統性を意識できる実践に挑戦しつつ、単元内自由進度学習については、1学期に社会「あたたかい土地のくらし／寒い土地のくらし」と算数「小数の倍」、2学期に国語「あなたは、どう考える」（書くこと）と理科「ふりこの動き」の単元において試行してみました。

さて、この学習方法を授業に採り入れるには、まず手はじめに「学習の手引き」を作成する必要があります。これは、子どもたちが活用するもので、中身は教師用の指導計画の翻訳版です。

この手引きを作成するのは手間暇かかりますが、普段の指導を見つめ直すよい機会ともなります。なぜなら、子どもが読んでも理解できるように大人の言葉を噛み砕く必要があるからです。噛み砕くことのできない言葉は、自分の理解が曖昧なまま使っていた言葉であったことに気づくこともありました。

この手引きのほかに、課題が早く終わった子どものための別学習を用意する必要もあります。これにはかなり頭を使います。補充学習（学力の定着）に取り組みたい子もいれば、発展的な学習（課題をより深く考えたり次の学年以降の学習）に取り組みたい子もいるからです。こうした子どものニーズに合う学習活動を考えたり、内容の系統性を確認しながら中学校以降の学習にどうつながるのかを調べたりすることの有用性を感じました。

さて、実際に単元内自由進度学習を自分の授業に採り入れてみたところ、想像していた以上に戸惑う子どもがたくさんいました。この事実に直面したとき、〝子どもが自ら学んでいける力〟を私がつけていなかったことを思い知らされました。いかに一部の子どもたちだけで授業を進めていたことか…。

自分の判断で学習を進めることになった途端に手が止まってしまう。（算数であれば、どの箇所が新しい学習で、どの箇所が練習問題なのかといった）教科書の読み方も実はあまり理解していないなど、学習を個別化してはじめてわかったことがいくつもあります。

また、困ったときには友達や教師に相談してもよいことにしていましたが、そもそも何を聞けばよいかがわからない子どもも数多くいました。

しかしこうした諸課題も実践を進めることで、やがて解消していくことになります。2学期の実践では、「学習の手引き」と教科書を片手に、自分の力で学習できる子が激増しました。〝自分で学ぶとはどういうことか〟がわかってきた証左です。教科書の構成や使い方がわかる、自分が取り組むペース配分がわかる、わからないときの解決方法がわかると、学習の幅が広がっていくのです。

個別化と言うと、対話的な学びが置き去りになるのではないか、子どもを孤独・孤立させてしまうのではないかと思われる方もいるかもしれません。しかし、実践を続けていくうちに、対話を通した学び合いのペースに個別化を置こうという考え方であり、「ただ話し合えばいい」「みんな違ってみんないい（そして、どうでもいい）」といった不毛な対話からの脱却を図れる可能性を秘めたものであることに気づきました。

また、理科では、子どもの人数分の教材を購入し、班ごとではなく、個で実験し、結果を記録する学習に取り組みました。どの子も試行錯誤する機会を保障し、「おかしいな？」と思ったら何度でもやり直すことができるようにするためです。これも、一人一人の学習機会を保障する取組となりました。

もちろん、すべての教科、すべての単元で自由進度学習を行うことはできません。また、そうすべきだとも思いません。ただ、学年の先生方と意見を交わしたところ、学期に1

回程度取り入れるメリットは大きいのではないかという考えで一致しました。ここは、資質・能力の三つの柱の一つである「主体的に学習に取り組む態度」の育成にもダイレクトにかかわってくる部分だと思います。

二つの課題意識

ここまで、私の専門教科である生活科（後に総合が加わる）で培った「単元構想力」を総合、国語、算数などに生かす実践を振り返ってきました。こうした実践からわかったことは、次の三つに整理することができます。

- 自分が専門とする教科等、私の場合だと生活科や総合のなかでも、自分がよいと思う実践のイメージは揺らぎ、行ったり来たりしながら発展していく。
- 自分が専門とする教科等を実践するなかで身につけた指導力は、他教科等でも活用することができる。活用した結果、得たものを再度自分が専門とする教科等に戻して生かすことができる（この具体はこれまで語られてこなかったのではないか）。
- 揺らぎや行き来するなかでも変わらない何か（信念や哲学のようなもの）がある。

1　学習評価

現在、私が課題意識をもっているのが学習評価です。生活科と総合は、ペーパーテストや数値による評価が馴染まないため、とりわけ行動観察による評価を行うことがよいとされてきました。その際、ある時間の特定の場面だけで評価するのではなく、毎時間の授業における子どもの成長を継続的に見取って評価することを重視してきました。

しかしこの評価方法だと、「負担があまりに大きく、指導が疎かになってしまうほどだ」というのが、自分自身の実践を踏まえた実感です。

それに対して、令和2年に公表された「『指導と評価の一体化』のための学習評価に関する参考資料」（国立教育政策研究所）によれば、一部の教科において「指導に生かす評価」と「記録に残す評価」を明確に区別して計画を立て、実践することが示されており、私にとっては追い風となりました。

本資料に言う「どの時間でどの観点の『記録に残す評価』を行うかを考えること」は、「単元構成を見直すこと」と同義だと思います。すなわち、子どもたちの学習が「単元のどの段階で山場を迎え、身についた資質・能力を評価することが適切か」を改めて考えるということですね。

生活科や総合においても、「指導に生かす評価」と「記録に残す評価」を明確に区別することによって、負担感を軽減しつつ指導と評価を充実させる可能性が膨らんだように感じます。毎時間の授業ではなく、「山場を迎えるこの時間に、子どもの行動観察を重点的に行おう」などと、単元の要所要所で学習評価を行えばいいということですから。

また、「主体的に学習に取り組む態度」の評価のわかりにくさを緩和してくれる可能性も秘めていると思います。

改訂前の観点であった「関心・意欲・態度」は、昔から議論の的とされてきました。子どもの内面を推し量るむずかしさ、言語化するむずかしさが常につきまとい、仕方なく挙手をカウントする、ノートをきれいに使っているといった、適切とは言えない指標で評価せざるを得ないことが少なからずあったからです。

それに対して、「主体的に学習に取り組む態度」は、教師が意図的に育成するものだとされています。これは評価の観点であると同時に、育成を目指す資質・能力の三つの柱の一つですから、授業改善とセットなのです。

教師の側からすれば、〝受動的な評価〟をせざるを得なかった「関心・意欲・態度」のわかりにくさを解消し、教師の意図的な指導の結果としての〝能動的な評価〟ができるようになったということです。つまり、他の2観点（「知識・技能」「思考・判断・表現」）と

資料１　「記録に残す評価」を実施する学習活動と評価対象の例

	モデル単元	知識・技能	思考・判断・表現	主体的に学習に取り組む態度
国語	❶題材の設定 ❷情報の収集 ❸内容・構成の検討 ❹推敲 ❺考えの形成・記述 ❻共有 ❼ワークテスト	✓ ❼ワークテスト（裏） ✓ 漢字小テスト	✓ ❺表現物 ✓ ❼ワークテスト（表）	✓ ❹友達の助言を取り入れながらの推敲の過程（振り返りなどで表出させる） ✓ ❻振り返り（単元の学習で工夫したこと・今後の学習や生活への生かし方・友達の考えの中で取り入れたいこと）
社会	❶つかむ（学習問題づくり） ❷調べる ❸調べる ❹調べる ❺調べる ❻まとめる ❼ワークテスト	✓ ❷～❺のどこかのまとめ ✓ ❼ワークテスト	✓ ❻学習問題に対するまとめ or まとめの表現物 ✓ ❼ワークテスト	✓ ❻振り返り（単元の学習で工夫したこと・今後の学習や生活への生かし方）
算数	❶小単元１ ❷　〃 ❸小単元２ ❹　〃 ❺小単元３ ❻　〃 ❼ワークテスト	✓ ❼ワークテスト	✓ ❼ワークテスト	✓ ❺ or ❻学習したことを活用する場面での試行錯誤の過程 ✓ ❻振り返り（単元の学習で工夫したこと・今後の学習や生活への生かし方）or ❷❹❻の振り返り
理科	❶問題の見いだし・予想 ❷計画立案 ❸実験 ❹実験・結果・考察 ❺考察の検討・結論の導出 ❻たしかめよう・学んだことを生かそう ❼ワークテスト	✓ ❹結果の整理の仕方 ✓ ❼ワークテスト	✓ ❹考察（３年は❶問題、４年は❶予想、５年は❷計画、に重点を置いてもよい。） ✓ ❼ワークテスト	✓ ❻「学んだことを生かそう」の記述 ✓ ❻振り返り（単元の学習で工夫したこと・今後の学習や生活への生かし方）
体育	❶オリエンテーション ❷提示した課題に対する練習１ ❸提示した課題に対する練習２ ❹提示した課題に対する練習３ ❺自己の課題に対する練習 ❻発表会	✓ ❷～❹イラストなどに書きこませた各運動に対するポイント ✓ ❻発表会での技能	✓ ❷～❹振り返り（工夫）	✓ ❺試行錯誤の過程（ワークシートなどで表出させる） ✓ ❻振り返り（愛好的態度、公正・協力、責任・参画、共生、自分の成長などから視点を設定） ✓ 学期に１～２回は❶で安全についてのめあて

同様に、この観点もまた「単元構成を見直すこと」で充実を図るものだということですね。

勤務校でも、先の参考資料が公表されて以後、３か月をかけて、有志による勉強会を行い、２つの成果物を作成しました。一つが、「『記録に残す評価』を実施する学習活動と評価対象の例」（**資料１**）であり、もう一つが「『主体的に学習に取り組む態度』の評価対象として考えられる学習活動の例」（**資料２**）です。

現在、勤務校では、この二

資料２ 「主体的に学習に取り組む態度」の評価対象として考えられる学習活動の例

	視点（国研資料）	評価対象として考えられる学習活動（松村の勝手な整理）
国　語	①粘り強さ ②自らの学習の調整	他の２観点の目標を実現するために、友達や教師から受けた指摘や助言、自ら気付いたことを踏まえて修正・改善する学習活動。修正・改善の内容や見通しを振り返りなどに書かせ、何を考えていたかを見取って評価する。修正・改善の結果については他の２観点で評価することが妥当かと思われる。
社　会	①予想や学習計画を立て、学習を振り返ったり見直したりする ②よりよい社会を考え学習したことを社会生活に生かそうとする	「調べる」段階の各授業でのまとめは「知識･技能」､学習問題に対するまとめは「思考・判断・表現」、単元の最後の振り返りは「主体的に学習に取り組む態度」で評価する。振り返りの視点として、①単元の学習で工夫したこと、②これからの生活に生かしたいこと、を示すと有効だと考えられる。（視点①を「つかむ」段階の授業で評価するのは実際には難しい。）
算　数	（明確な記述なし） 無理やり推測すると… ①よさに気付き粘り強く考える ②振り返ってよりよく問題解決する ③学んだことを生活や学習に活用する	単元の前半での考える活動は、「思考・判断・表現」で評価する。後半において、前半で学習したことを活用して考える活動での試行錯誤、それを振り返って書いた記述などを「主体的に学習に取り組む態度」で評価する。検討した事例で言うと、平行四辺形や三角形は「思考・判断・表現」、台形やひし形は「主体的に学習に取り組む態度」。単元の中でより複雑で複合的な課題、多様な考え方が予想される課題で評価するとよいのではないか。それが割と容易な単元とそうではない単元があるので、精選して実施することを考えたい。例えば、算数少人数担当が「何年生の何学期は、これとこれとこれの単元のどういう学習活動において、何を対象として評価する」とはっきりと示すことができると、学年全体で信頼性・妥当性の高い評価が実施できる。
理　科	①進んで関わり、粘り強く問題解決する （粘り強さ） ②他者と関わりながら問題解決する （学習の調整） ③学んだことを学習や生活に生かす （意義や有用性の認識）	（案１）問題の設定から結論の導出まで１サイクルが終了したところで、左の①～③の視点を基に振り返りを書く。小単元終了後は「指導に生かす評価」、単元終了後は「記録に残す評価」としてもよい。単元を通した姿などを加味して評価する。 （案２）１年に１回以上行う「ものづくり」では、学習活動での様子や振り返り、成果物から総合的に評価できる。ただしその場合、立派なキットを買ってしまうと説明書通りに作る活動に終始してしまう。なるべくその仕組みのみのシンプルなキットを購入し、それを生かして何をつくることができるか試行錯誤しながらものづくりができるようにしないと評価できない。
体　育	①愛好的態度 ②公正・協力 ③責任・参画 ④共生 ⑤健康・安全 （この５つの中に粘り強さと学習の調整が含み込まれているという体育の主張…）	跳び箱運動の６時間の単元を考えると､①～③(一つ一つ取り上げられた技を練習）は知識及び技能、④～⑤（自分の課題に合った場や方法を選んで練習）は思考力、判断力、表現力等を目標として設定する。その上で、④～⑤は粘り強さや学習の調整がより必要となることから、「主体的に学習に取り組む評価」はここで評価する。粘り強さや学習の調整の過程を児童に何にどのように表出してもらうかが課題。振り返りの数行の記述だけで見取ることが難しい場合には､「場や方法マップ」みたいなものを用意して自分の道のりやその理由などを書き込ませることも考えられる。その場合、何を「思考・判断・表現」で、何を「主体的に学習に取り組む態度」で見るかということもまた課題である。
音　楽	（明確な記述なし） ①粘り強さ ②自らの学習の調整 （…だと信じたい）	試行錯誤しながら取り組む授業を数時間連続して設定し、自分のめあてと振り返りを書かせ、それらと実際の姿との連動の度合いや、振り返りから次のめあての設定の妥当性などを評価する。観察だけで評価が難しい児童には、練習の意図などを尋ねて考えを引き出して評価する。
図　工	（明確な記述なし） ①粘り強さ ②自らの学習の調整 （…だと信じたい）	６時間の題材（表現５＋鑑賞１）では、第４時の後半あたりで自分の作品やここまでの制作を見つめ直す活動を設定する。作品から少し離れて見る、別の場所に作品を置いてみる、必要に応じて友達に自分の意図を伝えた上で助言をもらうなどして、題材の目標や材料の特徴、自分のゴールイメージなどと比べて今どういう状況なのかを把握し、第５時ではどのように取り組むかを考え、振り返りなどに記述する。その記述と第５時の取り組み方から評価することができる。

つの資料をよりどころにして各学年や専科での学習評価を行っており、気づいたことがあれば適宜見直しています。

2　一人一台端末の活用

次に課題意識をもっているのは、一人一台端末の活用です。

私や同僚が実践を積むうちに、端末活用には次の3つのフェーズがあると考えるようになりました。

[フェーズ1] ノートと鉛筆などによる活動を代替する段階

これは、子どもたちが気づいたことや考えたことを付箋に書いていた活動を、端末内のアプリを使って行うというフェーズです。活動を代替する利点は、効率化は図れるようにすることです。ただし、代替すること自体が子どもの学びの深まりを促すかというと、その点は疑問です。率直なところ、以前と変わらないというのが私の実感です。

[フェーズ2] 手段を目的化する段階

いったん端末活用が便利だと感じるようになると、子どもたちや教師はどんな場面でも活用しようと考えはじめます。本当にどの活動でも有効活用できるのであればよいのですが、ややもすると端末活用が目的化し、活動のねらいが不明確になることもあります。ここに疑問を感じはじめたとき、次の最終フェーズに入ります。

［フェーズ3］学びを深めるといった目的を達成するための手段を吟味する段階

このフェーズでは、「どのように端末を活用すればいいか」を意識しなくなります。端末がノートや付せんといった学習手段と同列に語られるようになるからです。

ここが、おもしろいところですね。つまり、フリーハンドで書かせたいときはノートや付せん、効率化を図りたいときには端末を使うといった運用になるので、「どのような授業をしたいのか、どういう子どもたちを育てたいのか」といった、そもそもの授業づくりの話に戻っていくわけです。

総合のジレンマは、各教科等の隠れた課題を映し出す鏡

総合については、大きな課題を残しています。

総合は、子どもの個性を引き出しやすい教科等です。にもかかわらず、（実際の活動場面

では）逆に特定の子どもたちの個性が埋没しやすい教科等でもあると感じます。まさに矛盾であり、実践者としては悩ましいジレンマです。

では、なぜそうしたことが起きるのでしょう。その背景には、次が考えられます。

●総合は、個人研究ではなく、学級全体やグループでの活動が多いこと。

●他教科のように、ペーパーテスト等で一人一人の資質・能力を測定することがないこと。

●「みんなで話し合って決めよう」と言いながらも、実際には一部の子どもたちの発言で決まることが多く、その他の子どもたちはお客さんになってしまうこと。

では、発想を変えて国語や算数などのほうが、子ども一人一人の個性を大切にできるのでしょうか。そういうことではないと思います。先述した「生活科や総合では個性が埋没しやすい」というのは、より正確に言うと、「個性の埋没が表面化しやすい」ということです。すなわち、他教科等でも個性の埋没は起きているのだけど見えにくいだけなのです。

結局のところ、単元の指導計画をどう作成するか、作成したものをどう実施するかを考えるよりも先に、子ども一人一人の個性や存在が際立つ授業づくりについて考えることが、どの教科等においても重要だということです。

*

こうした、いわば教科等を通底する指導の総合力を鍛えることが、これからの教師には必要だと思います。そして、それは、（前述の理由から）総合の授業づくりだけでは叶わないと思います。

そこで、次章では「総合を専門としない4人の先生方の総合実践」を紹介します。総合の実践と向き合うことを通して、指導の仕方がどのように変容していったのか、四者四様の成長プロセスです。

（松村 英治）

第4章
教科等と総合の授業を往還する指導の総合力が磨かれるプロセス

総合では、「子ども一人一人、各教科等で身につけた資質・能力を活用・発揮することが必要だ」と言われます。言葉にされると、ひどくむずかしいことのように見えますが、そうではありません。

子どもの学びは、本来地続きです。教科という線引きがあるから、それぞれ違う学習だと認識しているだけです。そのため、総合の授業で無理に関連づける必要はありません。

「そういえば、算数でそんな計算をしたな」

「社会で、工場の人が清潔を維持することが大事だと言っていたな」

このように想起できるよう、教師が水を向ければよいことなのです。これが前述の「資質・能力の活用・発揮」だと考えればよいでしょう。

実際、これまでに学んだことが想起されさえすれば、教師がアレコレ言わなくても、〝これは使えるぞ〟と言わんばかりに子どものほうが活用・発揮しはじめます。そしてこのことは、教師の学びでも同じことが言えると思います。

「子どもと教師の学びは相似形」とは、京都大学の石井英真先生がよくおっしゃる言葉です。私もまさにそのとおりだと思います。授業に置き換えて考えると、次のように考えることができます。

●自分の専門教科の実践を通して身につけてきた指導力が総合の授業づくりに生かされる。
●総合の授業づくりを通して身につけた指導力やカリキュラムの開発力などが自分の専門教科や他教科等の授業づくりに生かされる。

これらも一見むずかしそうに感じるかもしれませんが、とても自然なことを言語化しているにすぎません。次の例で考えるとわかりやすいでしょう。

●学級経営を通じて教室に落ち着いた雰囲気が生まれれば、授業における集中度が増す。
●一人一人の子どもが授業で活躍できると、学級の雰囲気がさらによくなる。

このように授業づくりと学級づくりは背中合わせであるということを、総合と各教科等に置き換えて考えているわけなのです。

さて、ここからが本題です。

それは、**国語や社会、体育などを専門としている教師が、総合の授業を通じて自分の専門教科の授業力を向上させる、あるいは専門教科で蓄積している知識や技能を総合の授業で開花させる**というアプローチです。

すなわち、「総合→教科」「教科→総合」という往還的な実践を継続していくことによって、教科等を問わない（通底する）指導力が高まっていくという仮説です。

本章では、４人の教師が登場します（いずれも私の同僚で、うち3名が元同僚）。国語科専門の教師が２人、社会科専門の教師が１人、体育科専門の教師１人の実践報告です。ここで語られているのは、総合の実践を通して、彼らが教師として何に悩んだり葛藤したりし、どう乗り越えていったのかの道のりです。

専門教科と総合の授業を往還する彼らのチャレンジを通じて、具体的にどのような指導の総合力が高まっていったのかを、インタビュー形式で紹介していきましょう。

（松村　英治）

第１節

子どもたちと共に学んでいける授業づくり
―国語と総合を通底する授業の見通しと展開の見極め

［実践者］　村松千恵子
東京都大田区立松仙小学校主任教諭
［教職歴］　12年目
［専門教科］　国語

学習課題を子どもとつくる国語授業

――村松先生は、教科等の授業づくりに総合のエッセンスを生かしている方です。本節では先生の専門教科である国語と総合の実践を取り上げます。

松仙小で総合に取り組む前と比べて、国語の授業づくりに何か変化はありましたか？また、その変化は、子どもたちの学びにどのような影響がもたらされたと考えていますか？

本来は当たり前のことなのでしょうけれど、「単元計画や学習課題、1時間の授業の流れを子どもたちと一緒につくっていく」ことを、それこそ〝がっつり〟やるようになったと思います。

具体的には、国語の単元計画や学習課題をつくる際、「単元で身につける力」と（「読むこと」であれば）「子どもたちの初発の感想」を照らし合わせます。

単元で身につける力は、教師が単元のはじめに示します。

初発の感想を書く際には、「はじめて知ったこと」「疑問に思ったこと」「もっと知りたいこと」「自分の考えと比べて」などの観点を示します。子どもたちが「何を書けばいいかがわからない」ということをなくすとともに、その後の課題設定をする際の焦点化のためです。

学習課題を決める際には、子どもたちと話し合うことを大切にしています。「自分も学びたい」「友達の意見も聞きたい」と子どもたちが主体的に取り組める単元にしていきたいと考えているからです。その後の私の国語授業は、次のようなやりとりからスタートするようになりました。

T「今日の学習課題は何ですか？」
C「詩に込められたメッセージを考える、です」
T「授業の進め方はどうしますか？」
C「個人で考えてから、グループで交流。その後全体で交流！」
C「その後、再構築をします！」
C「いいと思います！」
T「グループはどんな形にしますか？」
C「今日は、尋ね歩きがいいです！」
C「賛成です！」

このように授業の冒頭で、子どもたちとやりとりしながら短時間で決めていくようにしています。これは、総合の授業でのはじめ方と同じです。

令和元年度まで東京教師道場に参加していたのですが、私の授業を参観いただいた他校の先生方にとっては驚きだったようです。

授業後の協議会では、次のコメントがありました。

「子どもたちが自分たちで進めている感じが、主体的でいいですね」

「自分たちで決めて進めていて、子どもたちが育っていますね」

後日、ある先生から「村松先生の授業をまねして子どもたちと決めるようにしたところ、いつもとは違う手ごたえを感じることができました」とうれしい言葉をいただいたこともあります。

このような授業の進め方ができるようになったのは、次のことが理由だと思います。

●総合的な学習の時間の進め方のベースを国語や他教科でも生かし、子どもと共に単元の学習計画を立てる。

●毎時間の終わりに、授業のまとめや次時の見通しを確認する。

このスタイルで授業を続けていくうちに、子どもの学ぶ姿に次のような変化が生まれました。

①見通しをもって授業に取り組んでいる。

②1時間ごとのぶつ切りの授業ではなく、単元全体として一つ一つの学習課題をとらえている。

③自分たちで授業をつくっているという意識をもって学習に取り組んでいる。

この三つのなかでも特に顕著なのが①です。

たとえば、一つの課題に何時間かけて取り組むかがわかっていることで（見通せていることで）、集中力が切れることなく計画的に取り組んでいく力が高まったように感じています。

また、1時間の授業でわかったことを次の課題に関連づけて考えられるようにもなったと思います。その結果、日常のなかで触れているものにも関連性を見いだすアンテナが強くなり、ニュースなどで見たことや自分の経験と関連づけられるようになっていきました。これは、「前後の課題を意識しながら学ぶ姿」だと私は考えています。

このように①の力が高まることで、②や③の力につながっていったのだと思います。

見通しをもちながら、子どもたちと一緒に進んでいく

――村松先生には、授業だけでなく学級経営からも学ぶことがたくさんあります。特に、子どもたちに何かを押しつけている場面を見たことがありません。どんなときも、子どもたちに委ねたり考えさせたりしています。このような方法は、とても時間がかかるものですが、年度の後半にかけての子どもたちの伸びが本当にすごいなと感じています。

このあたりのことは、おそらく前任校のころから大切にしてきたことではないかと思うのですが、どのような教育観や子ども観をおもちですか？

教育観とか、子ども観とかと言われてしまうと、何だかむずかしく、ハードルが高く感じますね……ただ、気持ちとして大事にしていることは、〝子どもと一緒に成長していく〟ということです。**子どもたちを育てながらも、結局は自分自身が育てられているの**という感じがいつもしています。

「先生の口癖がうつる」「担任に似てくる」などという言い方があります。そこまでな

いにしても、よくも悪くも担任やクラスのカラーが出てくるのは事実です。そのような意味で、「育てたようにしか子どもは育たない」のだと思っています。

初任者研修の折に、ある指導主事が次のように話していたことを、いまでもことあるごとに思い出します。

「4月までは前担任の責任、それ以降は現担任である自分の責任」

すべての責任を自分一人で背負うことはできないけれど、前担任や子ども、周りのせいにしない。〝自分の指導によって、いまの子どもたちの姿があるのだ〟と戒めています。子どもたちには、教師である自分自身を映す鏡のような部分が、きっとあると思いますから。

私は、表をかいたワークシートを使ってもいいような場面でも、あえてそれを使わずに、表の枠からノートに書くよう指示しています。最初のうちはうまく書けなかったり、時間がかかったりすることもありますが想定内です。根気強く指導したり見守ったりします。

そうしていくうちに、どの子もどんどん自分で書くことができるようになります。その状況を見取って思考ツールなどの手法を紹介します。すると、子どもはそれらを用いて自分でノートをまとめる力もついていきます。

このように、学習方法については教師が教えるのですが、子どもたちが自分たちの力でアレンジしながら学習していけるようにしたいと思っています。また、学習以外のことでも同様に考えています。

たとえば、宿泊学習のバスの座席も子どもと一緒に話し合って決めています。子どもたちは、これまでの経験から「クラスの仲を深めるには男女混合のほうがよい」という条件を考えたり、「酔いやすい人は前にしてあげたい」といった配慮と照らし合わせたりしながら決めていくことができます。

新年度がはじまって早々であれば、こうした話し合いはけっこうな時間がかかることがありますが、それでいいと思っています。クラス全員が納得できることが大事だからです。

最初のうちにしっかり話し合う経験を積むことで、子どもたちはよりよい決め方を身につけていきます。すると、前回の経験が生きてくるので、秋の社会科見学のバスの席決めでは15分くらいで決められるようになります。

「いま、やっていること」が、この先どんなことにつながっていくかを子どもたちと共有できるようになると、子どもたちの学ぶ姿勢、言葉や行動への責任感、教師の指導の入り具合が変わってくると感じています。

当しおりは間伐材を活用しています

――松仙小の総合は、村松先生の目にどう映りましたか？

そもそも、年間70時間もの時数のすべてを使って、1単元の授業をつくることに驚きました。〝しかも教科書なしで、どうやって？〟とも。

前任校は世田谷区の学校だったので、教科「日本語」があり、35時間はこの教科に充てられていました。そのため、総合の授業時数は35時間です。進め方としては、学期ごとに行うことになっており、進め方もおおむね決まっていました。

そのため、松仙小に赴任してきて、探究課題（当時は学習対象や学習事項）をどのように決めていけばよいのか、70時間もの活動計画をどうやってつくればよいかなど、私にとってははじめて尽くしで、「とにかくわからない！」「本当にできるの!?」という心境でした。

最初のうちは、学年や研究推進部の先生方に助けていただいて、どうにかこうにかという感じだったのですが、大筋の見通しがもてるようになってくると、何だか楽しくなっていきました。

きっと、子どもも一緒ですね。

見通しがもてない、何をしたらいいかわからないうちは不安だけれど、見通しが立ってやるべきことがわかってくれば楽しくなる。みんなで同じ目的意識をもって進めていればどんどん進む。少しでも疑問があれば進みが鈍くなる。教師の側がある程度の答えを明確にもっていることは必要ですが、子どもと同じ土俵の上で進んでいく。この先どう進んでいくか、結果がどう出るかは、自分たちの取組次第。

これまであまり意識していなかったように思いますが、こうして振り返ってみると、子どもと一緒に進めていくこと、自分の声かけ次第で進みが変わること、いまの取組が次へとつながっていくことについては、もともともっていた教育観や子ども観と関係している部分が多いかもしれませんね。ただ、当時はわからないことが多すぎたり、夢中すぎたりで、あまり実感はできていませんでしたが…。

迷いを伝え、白紙からリスタートする

――村松先生が着任した年の総合の実践〈食〈魚〉〉は紆余曲折したことから、苦労されたのではないかと思います。どのような点でむずかしさを感じたのか、またどのように対応していったのかを教えてください。

1年の終わりに「がんばったな！」「いい実践ができたな！」と思えたのは学年の力、研究推進部や管理職の先生方のご協力のおかげです。思い悩むことがあってもすぐに相談できる環境であったこと、「やってみよう！」と後押ししてくださる人がいたことが、すごく大きかったと思います。

それに、「学校で魚を調理して食べる」ことを許可してくださった校長先生はすごいですよね。これができなければ、松仙小での食の単元は進められなかったのですから。

学年では、自分たちの食生活の見直すところから学習をはじめることは決まっていて、

①ニワトリをヒヨコから育てる。

②魚について学習する。

という二つのうちのどちらかがおもしろいのではないかという案が出たのですが、〝和食のなかでも魚食離れがあるのでは？〟という考えから②に取り組むことが決まりました（①のほうは飼育環境を整えられるか、1年間でやりきれるかという点で実現がむずかしいこともあって断念しました）。

この年の実践で一番の山場だったのは、2学期の中盤になって、これからどこに進めばいいか、その方向に迷ったところです。

総合の研究授業を控えていた時期だったので、本時をどの段階での授業にするのか教

師側の考え主導で進めてしまったことが災いしたように思います。知らず知らずのうちに、教師である私の〝こうするべき〟という思いが強くなりすぎてしまっていたようで、本来のねらいや子どもたちの願いと、実際の学習進度に少しずつズレが生まれていたようなのです。

事の経緯は次のとおりです。

当初、「魚嫌いを減らしたい」「もっと魚を食べてもらいたい」という願いのもとに、簡単にできておいしい魚料理を考えていました。また、子どもたちが考えたレシピで料理した魚料理を給食（全学年・全クラス）に出してもらって、校内にアピールしたいという話も出ていました。

学年の先生方からも「子どもたちに投票してもらうコンテスト形式にして、その結果を考察する授業を研究授業の本時にするとおもしろいのではないか」という話題も出ていました。そこで、「研究授業を行う私のクラスから他のクラスに呼びかけるといいのではないか」という話になり、子どもたちにも働きかけました。

するとあるクラスから、「コンテストにはしたくない」という意見が出てきました。多くの賛同意見もあったのですが、私たち教師も「反対意見が出ているけど、本当にコンテストでいいのか？」と悩みはじめ、もう一度考え直すことになりました。

改めて「コンテストにして競う意味は何か?」「コンテストはゴールイメージにつながる活動なのか?」と考えてみると、たいした意味が感じられないようにも思えてきました。とはいえ、いったんは子どもたちと決めて進めてきたことです。それを白紙にしてしまってよいものなのか、私には判断がつきませんでした。

そこで、学年主任の声かけで、学年研（松仙小が行っている、生活科と総合を学年で話し合うためのミニ研究会）で話し合うことにしました。学年研では、「迷いがあるのであれば、白紙にしてもいいのではないか」という話になりました。

そこで、私は、次のことを包み隠さず子どもたちに話をしました。

- 校内の給食で魚料理コンテストを行うことに対する反対意見がほかのクラスから出ていること。
- 魚料理コンテストを行うことが、みんなが取り組んでいることのゴールにつながるのかということ。
- 私たち教師も迷っていること。

その後、これからどうするのがよいかについてクラスで話し合ったところ、子どものほうから、「コンテスト形式にして順位の高かった料理にするよりも、自分たちで試行錯誤しながらよりよい料理方法を見つけ出して、それを広めていくほうがいい」という趣旨の意見が出たことでまとまっていきました。

このとき、私は次の二つのことを実感として学ぶことができたように思います。

●教師が迷っていることを、子どもたちに率直に伝えることも大事。

●困り感をみんなで素直に共有して話し合うことで新しい発想が生まれ、そこから取り組み直すことができる。

これらは、子どもたちと話し合いながら授業をつくっていける総合ならではのおもしろさであり、教科書がないからこそできることなんだと感じました。ただ、それからしばらく経つうちに、〝別に総合でなくてもできることなのではないか〟という思いが膨らんでいったのです。

教科書のある教科等の授業においてもそうだし、クラス内での何気ないやりとりであっても、何か疑問に思うことがあったら率直に発言してみる。子どもたち一人一人が他者の話に耳を傾けられる力が育ってさえいれば（総合の実践を通しても育つ力の一つです）、よりよい方向に転換していけると思えるようになりました。すると、子どもたちも同じ思いだったのか、いままで以上にクラスの意見交流が活発になっていったように思います。

――松仙小2年目は防災のトイレの実践、3年目は学区域のパン屋さんとの商品開発の実践、4年目はコマ撮りアニメを制作する実践と、質の高い実践が続いていきます。そのなかで、特に印象に残ったことを教えてください。

最も印象深いのは、パン屋さんとの商品開発の実践ですね。

パン屋さんの店主からは「自分たちが食べたいと思うパンをつくって！」と言っていただいたことでスタートした単元です。「食」を切り口としながらも、「地域活性化」を念頭に置いた実践でもあり、最終的には子どもたちが考案したパンを売ってもらいます。

さて、どんなパンがいいか案を出すにあたって、まずはパン屋さんにインタビューをしました。そこで聞いたパン屋さんの願いや工夫を整理・分析し、次のように思いを膨らませていきました。

「幅広い世代に食べてもらいたい」

「自分たち（松仙小・5年3組）らしいものにしたい」

その後、練りに練って、松仙小の60周年のときに作成したマスコットキャラクターをモチーフにしたパンを提案することになりました。

ここまでは順調だったのですが、突如として暗雲が立ち込めます。

計画当初は、毎週土曜日にお店で出しているキャラクターパンの代わりに販売してくださる予定でした（1ヶ月限定）。ところが、お店の方から次の事柄が懸案事項として挙がります。

- 試作してみたところ、通常のパンづくりに影響が出るくらいにとても手間暇がかかること。
- パン屋の立地的に松仙小から離れていることからお店を知らない人が多いと思われ、本当に売れるのか心配であること。

その結果、1回限定で15個のみの販売となってしまいます。子どもたちの理想や願いと、お店側の現実問題とが、まさにぶつかり合った瞬間でした。

それまでのお店との打ち合わせでは、ここまで厳しい条件になるとは予想できませんでした。正直なところ、自分の見通しの甘さを痛感して気持ちが沈みつつも、どうにかならないかと方法を模索し悩みました。

しかし、お店の人と話をしていて、条件を再度見直すことの困難さを理解できましたし、思いどおりにはならないことがあるという現実を受け止めよう、与えられたもののなかで最大限の学びをしようと思い、私自身のなかで切り替えました。

その一方で、子どもたちにとっては、社会の厳しさ、商売をすることの大変さ、商品を世に出すことの苦労を学ぶよい機会になるのではないかという密かな期待感ももっていました。〝厳しけれど、いいチャンスになるかもしれない〟と。

問題は、子どもたちがこの厳しい条件をどう受け止めて学習を前へ進めていくかです。思い切ってその話し合いをする授業を研究授業の本時とすることにしました。

授業の冒頭では、パン屋さんから出された販売方法を率直に伝えました。子どもたちからは、「たった15個なんて残念…」「これでは、街の活性化ができなくなる…」と残念がる声が挙がります。しかし、コストがかかる、売れ残りが心配、通常業務に支障を来すというパン屋さんの事情も理解していきました。

15個とはいえ、(販売をやめてしまうのではなく) 自分たちの思いに応えるために考えてくれたこと、少しでもオリジナルパンが売れるようにクリームを入れる工夫をしてくれたことにだんだんと目を向けるようになり、次第に「ありがたい」「うれしい」という声に変わっていきました。

最終的には、次のような意見が出されます。

「自分たちのゴールに向けて、売れ残りが出ないように宣伝をしていこう」

「オリジナルパンだけでなく、他のパンも買ってもらえるような活動もしていこう」

子どもたちと一緒に本音で話し合いをしたところ、意気消沈するどころか、むしろより前向きで意欲的になり、自由な発想で活動内容を膨らませていました。まさに、〝災い転じて福となす〟結果になったのです。

このとき、包み隠さず子どもと情報を共有し、本気の話し合いができれば、〝予期しなかった問題（ピンチ）が、むしろ好機（チャンス）になるんだな〟と感じました。

想定外のことが起きるたびに話し合い、計画を変更していくというむずかしさが、総合にはあると思います。しかし、そうしたむずかしさのなかには確かな学びがある（新たな価値が生まれる）ことを再認識しました。これが、総合のおもしろさだと思うようになったのです。

どの教科等の授業においても、ピンチはチャンス！

――ここまでお話しいただいた実践を振り返って、ご自身の指導が変わったことはありますか？

一番は、つまずきや壁を成長のチャンスだととらえられるようになったことだと思います。

前任校の総合では、学習の段取りはほぼすべて決まっていたので、悩んだり迷ったりする場面はあまりなかったように記憶しています。その当時は、子どもたちが失敗しないように、子どもたちの思うとおりに学習が進むようにと、先回りするような準備や配慮をすることが多かったと思います。

しかし、松仙小1年目の「食（魚）」の実践を通して、〝悩んだり迷ったりすることはおもしろい〟〝ときとして学びがグンと広がる〟と感じるようになりました。その結果、失敗や想定外の出来事に対して、あまり怖がらなくなりました。

「立ち止まってもいいんだ！」「やり直してもいいんだ！」そう思えるようになっていたからこそ、パン屋さんから厳しい条件を突きつけられたとき、（動揺もしましたが）〝今回だってきっと乗り越えられるはずだ〟という期待感をもって臨めたのだと思います。

「防災」をテーマにしたときの実践では、「身近な材料で防災グッズをつくってみたい」という課題をもち、簡易トイレを自作しました。一口に簡易トイレといっても、つくり方はいくつもあり、どれをクラスの防災グッズに採用するかの話し合いは難航し、何度も案を練り直しました。

「コマ撮りアニメ」の実践では、学校のタブレットを使って、先生、おうちの人、地域の人など6年間支えてくれたすべての人たちへの感謝の気持ちを伝える作品をつくりました。このときも、自分たちの実現したいことと、実際にできることとの間にギャップがいくつも生じました。

その一つに、効果音があります。学校のタブレットでは映像に後から音を乗せることができなかったのです。〝さて、どうするか〟と話し合いになりました。

何度もアイディアを出し合った結果、最終的には、映像を流しながら、直接台詞を言ったり楽器を使って音を出したりすることに決まりました。まさに、大昔のサイレント映画に声や音をあてる弁士や楽団演奏と同じ要領ですね。

とにかくも、みんなで納得できるようにすることを重視していたわけですが、以前の私であれば、ある段階で見切りをつけて、決め手になる観点なり方法を子どもに提示していたかもしれません。そうはせずに、**子どもたちと粘り強く話し合いを重ねることで得られる納得感は、その後の学習の展開をよりダイナミックにしてくれる**ように思います。

また、私自身についても、子どもの予期せぬ反応や想定外の出来事への受け止め方がずいぶん変わりました。特に総合の場合には顕著ですが、どの教科等においても、授業では教師の想定外が起きます。こうした状況を楽しめるようになりました。

以前は、教師の定めた道筋で進めて必要な答えに辿り着けることがよいと思っていて、そうなるよう努力していました。そうしたことも大切なことではあるのですが、そればかりにとらわれると、型にはめた授業にしてしまったり、子どもたちの意見を誘導するような発問をしてしまったりします。この点は大きく変わったと思います。「授業は生きものだ」とよく言われますが、〝本当にそうだなぁ〟と。

これらに加えて、「この1時間で必ず到達したい」「ここまでは進めたい」と考えていることをきっちりやり切る力も伸びたように思います。

総合については、子どもたちと話し合いながら進めていくし、絶対的な時間設定があるわけではないので、一つのことに何時間でもかけることができます。これは総合のよさである反面、むずかしさでもあります。

いくら時間数設定に自由度があるとは言っても、単元の見通しをもつ段階で、「このサイクルや活動は〇時間」と決めて取り組むことも必要です。時間をかけさえすればいい学習になるわけではないからです。

何でもかんでも状況に合わせて長引かせてしまうと、学習活動が這い回ってしまいます。それでは探究する学びにはなりません。

「今回で活動の中心が決まるから、その流れで単元名をこの時間内で決める！」

「もう2時間話し合ってきたから、クラスのコマ撮りのテーマはこの時間内に決める」

「ここは単元の中心ともなるところだから、多少長引こうともじっくり時間を取ろう」

ときには、教師がしっかり手綱を握って、授業をコントロールすることも大切です。実際に教師が強い気持ちをもって臨んだときは思いが伝わるのか、子どもたちの集中力が増して時間内にやるべきことをやり切ることができたように思います。

時間的ゆとりをもちつつ、1時間のなかで話し合いがまとまらなければ次の時間にも持ち越したほうがいいという見極め、逆に時間をかけずにさっと決めて次に進んだほうがいいという見極めの双方が、教師には求められると思います。

教師の見通しと準備、そして見極めの大切さは、総合に限ったことではないと思います。私自身、どの教科等の授業においても、いっそう大事にするようになりました。

絶対に押さえなければいけないところは外さない、そのうえでなら脱線も、遠回りも、立ち止まることも、引き返すことも、やり直すこともしていい。そうするうちに、変化に対する心の余裕が生まれていったのだと思います。

――教師のねらいや見通しは、教師の思いどおりに授業を展開するためのものではないはず。それは総合に限らず、他教科等の授業でも同じだと私も感じています。村松先生の専門教科である国語の授業ではどのように生かされていると思いますか？

国語でいえば、系統的な指導をより意識するようになりました。以前は自分が担当する学年の内容理解、目の前の教材理解でいっぱいいっぱいでした。それが、第1・2学年、第3・4学年、第5・6学年ごとの指導目標や指導事項を見渡しながら指導内容を考えるようになりました。

そうするうちに、**目の前の教材を使ってどう指導するかを考える前に、〝抜けてしまってはいけないことは何か〟を軸にして、授業を組み立てられるようになった**と思います。

「この説明的な文章では、要旨をとらえることを重点的に指導すればいい」
「この文学的な文章の教材では、情景描写から登場人物の心情が考えられることをとらえられるようにすればいい」
「『額縁構造』はこの教材でしか扱っていないから、この時間に必ず指導をしておかなければならない」

このように、指導事項を精選できるようになったのです。押さえるべきことが明確になれば評価の観点が明確になるので、学習評価もしやすくなりました。

チームとして総合を推進する

――村松先生は昨年度から、初の学年主任となり、学年全体の実践の質を上げる役割も担っています。学年の総合を進めていくうえで大切にしていることを教えてください。

まず何よりも、学年の先生方がそれぞれにもつ専門性や持ち味を発揮してほしいと思っています。それが自己有用感にもつながると思うからです。そこで、総合でもそれ以外の教科等でも、全体の年間計画は何となく描いておきつつ、実際に中心になって進めるのは、それぞれ専門としている先生に牽引役をお願いしています。

専門ではない私が担うよりも、専門家にお願いして推進してもらうほうが、学年全体のためになると思ったからです。具体的には、大まかな方向性を示してもらったり、先行してモデルとなる授業をしてもらったりしています。

特に、昨年度からは総合が校内研究の教科ではなくなったこともあるので、学年だけにとどまらず、学校全体に発信していくことも、いままで以上に必要になってくるかなと思っています。

〝松仙小の総合は、「すごい！」「でも、むずかしい！」〟という話をよく耳にします。外からはそう見えてしまうのでしょう。実際、私自身もそうでしたから、一緒に学年でチームを組むことになった他地区から赴任されてきた先生、若手の先生も、私と同じように感じる部分はあると思うので、プレッシャーや負担感を軽減したいと考えています。

そのために、ちょっとした困り感でも気軽に口にできる雰囲気をつくることを大事にしています。私自身の困り感を相談することもあるし、ちょっとでもわからないと思ったことを話すことができれば、学年の風通しがよくなるからです。

加えて、学年研を中心として各クラスの進度を確認・共有し、クラスごとの違いを尊重しながらも学年として進めているという意識をもって進めていけるようにと考えています。

何でも一人でやらなければいけないと思うと、やっぱりしんどいです。**〝みんなでやっていけばいい〟〝いつでも相談すればいい〟と思っていられれば、安心して取り組んでいける**と思います。

さらに、「こうやってみたい！」とか、「こんなやり方もいいんじゃないか!?」といった新しい考えもどんどん取り入れ、チャレンジしていくことも大切にしたいですね。一緒にやってみたり後方支援に回ったりとそのときどきで、学年主任である自分の動きも変わってくると思っています。

唯一の正解がないことを一人一人が楽しめるように、これからも取り組んでいきたいと思います。

（村松千恵子）

第2節

子どもたちが思考を働かせる授業づくり

―学習プロセスの精緻化と問いの明確化

［実践者］　三戸 大輔
東京都渋谷区立加計塚小学校主幹教諭
［教職歴］　11年目
［専門教科］社会

社会科と総合が共に重視する「問い」

――三戸先生は、現在は渋谷区立加計塚小学校に勤務されていますが、かつての同僚で社会科を専門教科とする教師です。

三戸先生は、社会科と総合をどのようにとらえていますか？　似たところ、異なっているところなど、先生のお考えを聞かせてください。

総合的な学習の時間は、（「学習指導要領解説」においても明言されているように）「探究課題の解決を通して資質・能力を育成する」ことを重視しています。この「探究課題」について、解説書では次のように示しています。

●探究課題は、一つの決まった正しい答えがあるわけでなく、様々な教科等で学んだ見方・考え方を総合的に活用しながら、様々な角度から捉え、考えることができるものである

加えて、学習指導要領では、「目標」に次の文言を定めています。

●実社会や実生活の中から問いを見いだし、自分で課題を立て、情報を集め、整理・分析して、まとめ・表現することができるようにする

それに対して、社会科は、「学習問題」を重視しています。「学習指導要領解説」では、次のように示されています。

●問いとは、調べたり考えたりする事項を示唆し学習の方向を導くものであり、単元などの学習の問題（以下、解説において「学習問題」という。）はもとより、児童の疑問や教師の発問などを幅広く含むものである

用語としては「探究課題」と「学習問題」という違いはありますが、双方において「問い」が重視されている点では共通しています。

そもそも総合は「様々な教科等で学んだ見方・考え方を活用する」わけですから、どの教科等とも関連づけられるものですが、こと「問い」に関しては、社会科との親和性が高いのではないかと考えています。

松仙小の総合の研究でも、「課題は『問い』の形で表そう」「指導案にも『問い』の形で明記しよう」と、「問いを明確にすること」に取り組んでいました。たとえば、食について学んでいく学習であれば、「資料を基に、給食の残飯の実態を調査しよう」を、「給食の残飯には、どのような傾向があるのだろうか」とするなど、授業のねらいを「レッツ」ではなく、「クエスチョン（問い）」にするという考え方です。

実際、「問い」が明確になることで、探究課題を解決するために、どのような学習活動が必要になるのかをイメージしやすくなるし、何をもってまとめとするのかがクリアになります。この点は、問題解決的な学習を重視する社会科の授業づくりととてもよく似ていると思います。

ただ、気をつけなければならないのは、（似ているとはいっても）総合と社会科の「問い」の立て方まで同じに考えるべきではないということです。

社会科の場合は、「時間的」「空間的」「関係的」な見方・考え方を、子どもたちが働かせられる「問い」である必要があります。これに対して総合の場合は、探究的な学習につながる「問い」です。この点に大きな違いがあると思います。言い換えれば、何のための「問い」なのか、教科等の特質に応じた目的が異なるということです。

こうした教科等の特質の違いを踏まえつつも、やはり共通する点も見逃せません。それは、「問い」には、教師の意図のもとに設定する「問い」（発問）と、学習活動を通じて子どもがもつ「問い」（疑問）の双方があり、どちらも必要な「問い」だということ、そして、授業のなかでは混在するものだということです。

授業では、子どもの「問い」（資料等から気づいたことをつぶやいた疑問など）を活用して授業を進めていくこともできるし、子どもの発言への（教師による）問い返しによって進めていくこともできます。

つまり、**実際の授業のなかで生まれた「問い」が、教師発なのか子ども発なのかはさほど重要ではなく、「問い」によって子どもたちの学びを深める確度が上がることが大切だ**（社会科であれば子どもたちが見方・考え方を働かせる、総合であれば探究的な学習につながる）ということです。

「子どもが自ら『問い』を見いだしているから主体的だ」（裏を返せば「教師の提示した『問い』では子どもは主体的にならない」）という言い方を耳にすることがありますが、それは一面的な見方だと思います。

「問題解決的な学習スタイル」と「探究的な学習プロセス」

――授業の進め方ではどうですか？　総合と社会科を比較するとどのような特徴があるでしょうか。

ある年のことです。年度はじめ、最初に社会科のオリエンテーションで「問題解決的な学習スタイル（つかむ・調べる・まとめる）」を子どもたちに伝えました。その後、総合のオリエンテーションで「探究的な学習プロセス」について子どもたちに伝えたところ、Aさんが次のように発言しました。

「社会科みたいだね～」

それに対して、〝社会科とは違うんだけどなぁ…〟とも思ったのですが、〝どのように言葉を返せばいいのだろう〟と思った瞬間、答えに窮しました。

もちろん、教科等としての違いなら説明できます。しかし、Aさんの発言は「問題解決学習のスタイル」と「探究的な学習のプロセス」が似ているといると感じたことによるものです。それに対する答えを私はもっていなかったのです。

制度上の違いを挙げるとすれば、学習指導要領が規定する「内容」です。社会科は、内容教科と言われるくらいですから、「内容」が明確です。それに対して総合は、そもそも「内容」が規定されていません。この相違が教師に異なる悩みをもたらしているように思います。

●社会科は内容が規定されている分、指導内容で迷うことは少なく、その内容をいかに扱い子どもたちが楽しく豊かに学べるようにするか、いかに指導計画上の時数で進めていくか。

●総合は内容が規定されていないので、何を取り扱うか、どのような力を身につけるようにするか、どのような学習活動を設定するか。

こうした悩みは、経験を積めば解消できるものではないと思います。

松仙小の総合であれば、毎年のように「今年度の総合のテーマは○○だけど、実際に何をどうやっていく？」（「探究課題」の決定）に学年の同僚と頭を悩ませていました。1年間の総合の命運を握るのが探究課題ですから、先生方はみな必死です（松仙小の総合は1単元70時間）。

また、1年かけて行う総合を通して、どのような資質・能力を育成するのかについても悩みます。

（松仙小での）総合は、「今日は何をするんだっけ？」という問いかけから授業がスタートします。子どもたちと学習活動を決めていくため、教師である自分にとっては想定外のことが起きることも珍しくありません。事前に子どもの反応を予想し、複数の学習活動案を用意しておくわけですが、日々の学習活動を考えることも、（それが総合のおもしろさでもあるのですが）悩ましいと感じています。

――三戸先生が松仙小で勤務していたころ、総合については、ユニクロの単元にはじまり、カリキュラムの改善を目的とした学年での単元開発、さらに活動の充実を目的とした学年テーマのもとでの各クラスで特徴を出せる単元開発に取り組んでいました。

これまでの取組を振り返って、実践を積み重ねるごとに自分の力が変わったと思うことはありますか？

一番は、「カリキュラム作成力」です。その力が増していくにつれて、「探究的な学習」の精度が上がっていったように思います。

松仙小では、テーマと「目標を実現するにふさわしい探究課題」のみが学年に下りてきます。たとえば、探究のテーマが「アート」であれば、そのテーマのもとで、1年かけてどんな学習をどのように行うかは学年・学級に託されるわけです（研究推進部を中心に実践の妥当性の確認は行われます）。そこで、「アート」というテーマに迫っていく学習材には何が考えられるか、どのように学習活動を展開するのがよいかを考えまくります。

その際、ワクワクするようなアイディアが思い浮かぶこともありますが、何も思いつかない、前の学習でこうしておけばよかったと、苦しい授業案も多かったと思います。

また、研究副主任を長く務めていたので、同学年の他の学級で取り組む総合の相談に乗ることもたくさんありました。事前検討に向けた総合の学習指導案にも数え切れないくらいコメントしました。

「数をこなせばできるようになる」わけではないと思いますが、こうした経験を経たことで、次第にイチからカリキュラムを考える力がついていったように思います。

また、それと並行して子どもへの指導の仕方も変化していきました。みんなで考えたことがうまくいかない、活動が停滞したとしても、よい意味で「もう一回やってみればいい」「続きは次の総合で」と言えるようになりました。そのうちに、トライアル＆エラーを〝当たり前〟とする雰囲気が学級に広まったと思います。

たとえば、6年生とともにチャレンジした「オリジナル楽器をつくって、演奏会をしよう」（テーマ：アート）では、「自分の決めた素材で楽器をまずつくってみる」という「トライ」の学習活動を設定しましたが、これまでの私であれば「どんな素材で楽器がつくれるかをまず調べる」学習活動を設定していたと思います。

実際に活動に入ると、楽しく演奏できそうな素材を見つける子どもがいる一方で、そうできずにいる子どももいました。しかし、学級に「まずはトライ」という考えが浸透していたことで、ただ戸惑っているわけではなく、うまくいっている素材のチームに合流し、そこで見聞きしたことをもとにして別の素材を試す姿が見られました。〝いまはうまくいかなくても、きっとうまくいくさ〟という、いい意味での楽観的な受け止めをするようになった証左だと思います。

松仙小に勤務していた最後の年度あたりは、「研究の成果を持続可能なものにしていこう」という機運が高まっていました。同時に、学級総合を見直したり、研究教科が変わったときにどうするかという議論もはじまりました。そのころには、専門教科が何であるかに関係なく、総合に対する先生方の熱意はずいぶんと高まっていたように思います。

――総合は、標準授業時数70時間（週2時間）しかない割には、教材研究や授業準備にかかる労力が大きすぎるという声を聞きます。実際、私たちの実践の当初では同様の課題に悩まされました。そんななか、三戸先生が学習指導案の簡素化に取り組んでくれたことで、労力が軽減されただけでなく、単元を通じた学習プロセスがよりわかりやすくなったと思います。

学年で「単元の活動計画立案シート」(A4・1枚)を作成した後、研究授業が近づくと学習指導案を作成しますが、平成28年度までは10頁に及ぶものでした。これは、探究のサイクルを丁寧に表すことを目的としていたわけですが、その丁寧さのために、つくるのも大変なら読み通すのも大変。しかも、研究授業後に読み返すこともない(参考ににくい)など、使い勝手の悪いものになっていたのです。その結果、せっかく作成した「単元の活動計画立案シート」も埋もれてしまっていました。

そこで、何のために学習指導案を作成するのか、その目的や条件を以下のように整理することにしました。

①探究のサイクルがしっかり示されていること。
②授業者が年間(70時間)を通していつでも立ち返られるものであること。
③大田区内を中心として研究成果を還元できるものにすること。

④上記の①〜③にかかわらない事柄は盛り込まないこと。

このように明確にしたことで、10頁にも及ぶ学習指導案を4頁に短縮することができました。また、内容がシンプルになったことで、わかりやすさも増したように思います。なかでもお気に入りは、3頁目の単元の指導計画です（巻末資料を参照）。文字こそ小さいものの、70時間の探究的な学習をA4・1枚に収めています。

●全体を俯瞰しやすいので、授業者は常に1年間の探究を意識できる。
●学年単位での計画を立案するときにも使いやすい。
●学習指導案をはじめて見る先生も、1頁でその学級の総合の展開を一望できる。

松仙小を異動したいまも、このフォーマットを使って総合の計画を立案しています。

子どもも教師も共に成長できる

――専門教科を鞍替えしたわけではないのに、松仙小を異動した後も総合の実践に熱心な先

生が何人もいます。三戸先生もその一人ですが、その理由について聞かせてください。

一言で言えば、「総合は、子どもたちの成長に寄与するだけでなく、自分の授業力も磨いてくれる」ことに気づいたからです。

学習指導案の簡素化に努めるなど工夫はしてきましたが、だからといって総合の実践そのものが楽になるわけではありません。私のとらえでは、「正解のない課題に向き合うチャンスを提供してくれるのが総合だ」という認識ですから、楽になりようがありません。

総合では、学習活動がスムーズに展開していると思っていた矢先に、「これはまずいぞ」という事態が訪れます。そんな不測の事態こそが、先行き不透明な次代を担う子どもを育成するチャンス。みんなで話し合って乗り越えていく行為そのものが、彼らの成長を促します。松仙小での総合の実践を通じて、私が学んだことの一つです。

それともう一つが、教師としての自分自身の成長（指導力の向上）です。

●問いの形式で子どもたちが解決していく課題を考える。
●学習のまとめをクリアにして授業を行う。
●子どもがどんな思考を働かせるかを考える。

●子どもの意見を想定しながら、問い返しの発問を考える。
●子どもの身にどんな力がついたのか、それを柔軟に見取って所見に記録する。

ほかにもあると思いますが、どれも現在の私が大切にしている指導の方途です。そして、これらはいずれも、教科等を問わないと考えています。

特に、私の場合には、総合の実践を通じて、「子どもたちが、どのような思考を働かせるかを想定する力」を強く意識するようになったと思います。

たとえば、こんな感じです。

●子どもたちのイメージを膨らませるために、ウェビングマップのような板書をする。
●複数の観点で整理できるようにするため、座標軸を印刷したワークシートを活用する。

思うようにいかないことも少なくありませんが、授業を行うなかで、おそらくは子どもたちが働かせるであろう思考と、それらの思考にフィットする学習活動をマッチングさせることを重視しています。

これは、私の専門教科である社会科の授業でも同様です。

社会科の授業でも、子どもの思考の拡散と収束を考えた発問をしたり、子どもたちにどのような思考を働かせたいかを吟味したうえで授業に臨むことが多くなりました。どんな思考を働かせるかを具体的に想定することは、授業のねらいや学習活動をシャープにしてくれるように思います。

コメント力を磨く

――三戸先生は研究副主任として、多くの先生方の学習指導案を読み、気づいたことをとても細かくコメントしてくれていました。けっして楽なことではなかったと思いますが、どのような意図をもって取り組んでいましたか？

先生方の学習指導案にコメントすることは、私自身にとって「おもしろくて」「楽しい」取組です。それが「細かく」なる原動力だと思います。ただ大事なのは、コメントを入れること自体ではなく、コメントを踏まえて先生方と検討し合うことです。このような検討会をもつことは、特に若手の先生方の成長（授業力向上）に寄与すると思います。

一つ一つのコメントは、先生方の学習指導案に対する私の視点です。なぜ、そうコメントしたのか、その趣旨を伝えることで、授業者はこれまでとは違った視点から授業を考えることができます。

また、先の「細かく」とは、「指導内容」の細部だけではありません。文書の「体裁」の細部も含みます。「三戸先生は本当に細かい！」と指摘されることもありますが、「体裁」が整っていないと、せっかくの「指導内容」の素晴らしさが読み手に伝わりません。そのため、細かな表記にも気を配ってコメントを入れるようにしていました。

また、けっして「してあげている」わけでなく、私自身のためにもなっていました。他者の学習指導案をクリティカルに読むことは、巡り巡って自分自身の指導を見直すきっかけにもなりますから。

教科書を使い倒す

――ここで目先を変えて、三戸先生が専門教科である社会科の教材研究にどう取り組んでいるかを聞かせてください。

何よりも大切にしているのは、「教科書を使い倒す」ことです。

教科書は、学習指導要領や解説書に基づいて各教科書会社が作成し、そのうえで文部科学省の検定を経た、いわゆる「主たる教材」です。つまり、内容の妥当性等は間違いないということです。

社会科では、地域性などに根ざした教材を有志の先生方が独自に開発することもあり、こうした副読本も確かに有用です。しかし、まずは教科書や資料集の分析をしっかり行うことだと思います。そうすれば、自ずと学習指導要領に即した授業になります。

他方、教科書を脇に置いて、自分がおもしろいと思っていることを教えることに意義を見いだしていると思しき授業を見かけることがあります。特定の教科に対して、強いこだわりをもっている先生に特徴的な授業スタイルです。

もちろん、こだわりや熱い思いは大切だと思います。しかし、「自分の教えたいことを教える」という発想では、授業が学習指導要領から逸脱し、子どもたちが身につけるべき資質・能力の育成がおぼつかなくなります。

こうしたことは、これから力量形成を図っていく教師よりも、相当の力がついてきた教師が陥りやすい落とし穴だという気がします。むしろ力がついてきたときこそ、学習指導要領に立ち返り、本質的な理解を目指すほうが、教師にとってはもちろん、子どもたちにとっても有益な授業になる確度が上がると思います。

また、息切れすることなく、持続的に教材研究を行っていくうえでも「教科書を使い倒す」ことが大切だと思います。どの単元でも現地取材を行ったうえで授業を展開することはできませんから。

そのため、ベースとする教材研究は、教科書を最大限に活用し、「どの資料を提示するか」「資料を提示するタイミングをどうするか」「資料提示の順番をどうするか」「デジタル教材をどう使うか」といった視点で、「授業の組み立て方」を考えることに注力することが大事なのではないでしょうか。

新たな教材や単元を開発する

――そうは言いながらも、松仙小勤務時代、教科書を軸としながらもオリジナリティ溢れる教材開発に取り組んでいましたね。

確かにそうですね。しかし、最初から教材開発にチャレンジできていたわけではありません。

たとえば、地方公共団体の「政治の働き」について学ぶ学習では、6年生を受けもつたびに教材を開発してみたいと考えていましたが、なかなか思うような教材に出合うことができずにいました。それが、ある年度にようやく「ＩＣＴ環境整備（全普通教室にスライドレール型電子黒板等導入）」と出合うことができました。

区のホームページや、議会答弁等を調べていくと、どんどん授業イメージが湧いてきて、「これなら、子どもたちが実感を伴いながら学んでいけそうだ」という感触をつかむことができました。

そこで、校長先生を介して教育委員会の指導課に取材を申し込みました。担当指導主事の先生や学務課の方のご厚意で取材できたおかげで、「ＩＣＴ環境整備を目指して、区民・学校の願いをどのように実現しているか」という切り口から、「政治の働き」の特色や意味理解に迫っていけそうな教材にすることができました。このときばかりは、早く授業がしたくてたまりませんでした。

自分が「これだ！」と思える教材と出合えるかが、教材開発の肝だと思います。〝みんなが（あるいは権威のある先生が）「この教材はおもしろいよ」と言うからはじめてみた〟では、なかなか研究が深まらないし、ワクワク感も乏しくなりますから。

私の実感では、教材との出合いを求めて能動的に調べるのだけど、なかなか見つからずにモヤモヤした日々を過ごす。しかし、あきらめずに調べ続けることを通して、次第に自分なりのイメージは明確になっていき、あるとき突然、受動的に出合う、といった感じでしょうか。

さて、実際の授業はというと、子どもたちの反応は予想以上でした。教師である自分が心から〝おもしろい〟と思っていることは、子どもたちを〝おもしろそうだ〟と思わせる何かがあるのでしょうね。普段の授業とは異なる熱気が教室にありました。

他方、用語の理解や目に見えない働き・関係等を追いかけるむずかしさもありました。事業全体の教材化はもちろんのこと、子どもたちが理解しづらい目に見えない部分をいかにイメージできるようにするが、教材開発の要諦だとも感じました。

ほかにも、4年生の「ごみの処理と利用」の授業では、こんな取組を行いました。

●給食調理の際に発生した生ごみを栄養士に取っておいてもらって子どもに見せる（子どもたちはその臭いに驚いて、追究意欲を高めていた）。

●清掃事務所にお願いして、学区域のゴミを収集するルート（地図）を送ってもらい、子どもたちにわかりやすいように再編集して提示する（自分たちの町のことだから、副読本に載っている地図とは反応がまるで違った）。

●自転車に乗って清掃工場に訪れ、そこで働く方々を取材する（子どもたちは私の取材の様子ばかりおもしろがっていて、そこはちょっと課題…)。

先述したように、教科書を脇に置いてしまってはいけないのですが、教科書の内容としっかり摺り合わせた教材開発であれば、こんな子どもの姿を見られるんだなぁと改めて感じることができました。

総合との出合い直し

——総合の実践に力を入れるようになったきっかけは何ですか?

平成26年度に齊藤純先生が校長として着任してきたことです。齊藤校長は全国で生活科と総合を推進する立場にあった方で、松仙小でもその充実を経営ビジョンに掲げていました。

私としては当時、総合をそれほど重視していなかったのですが、「校長先生が言うんだから、がんばらないとな」というくらいの受け止めでした。

まず最初の年度に取り組んだのが「届けよう、服の力プロジェクトin松仙」です。

これは、ユニクロが実施していた「〝届けよう、服のチカラ〟プロジェクト」（子どもたちが主体となって、着なくなった子ども服を回収して、難民の方々など世界中で服を必要としている人々に届ける活動）に参加する単元でした。

慣れない企画書づくりで、自分なりには精一杯やったつもりでしたが自信はまるでありませんでした。ダメ元で校長室にもっていったところ、ざっと見て「いいんじゃない？」との一言。〝えっ、これで本当にいいの？〟と驚きと喜びが入り混じった気持ちになったことを覚えています。

いま、そのときの企画書を見返すと課題ばかりが目につきます。そうした課題に齊藤校長が気づかないはずがありません。おそらくですが、〝課題ばかりを挙げても意気消沈するばかりだろうから、まずは思うようにやってみなさい〟ということだったのではないかと思います。

その後は（無理矢理にでも）活動が探究になるよう、学年主任の佐藤敦子先生と単元展開を考えていきました。工夫点は次の三つです。

［その1］ 何のために服を集める活動をするのか、活動の目的を子どもたちと共有すること。

→ユニクロの社員の方に来校してもらい、「なぜこの活動を行っているのか」を話してもらったり、「松仙小がなぜこの活動に参加するのか」を考えたりした。

【その2】GTとのかかわりをもつこと。

→社会科と同様に、総合もその道の専門家等に出会わせることが、子どもたちの意欲を高める。

【その3】子どもたちの活動がうまくいかない状況を学習過程に意図的に仕込むこと。

→「学校内だけでは思ったように服が集まらないから地域にも呼びかけよう」という子どもたちの問題意識を喚起し、活動が地域に広がることを想定した。

この［その3］については、学校内だけでもそれなりに集まってしまい、〝想定倒れだったかな…〟といったんは思ったのですが、子どもたちのなかでは「まだまだ」だったようです。「地域に宣伝して、服回収に協力を呼びかけよう」という話になりましたから。

そこで、放課後に子どもと一緒に学区域の駅前でビラを配ったところ、昇降口に設置したダンボールが服でいっぱいになるなどの反響があり、子どもたちも大盛り上がりとなりました。

それまでは、ビラを配ることへの抵抗感をもつ子、効果を疑問視する子もいたし、私自身も内心そう思わなくもなかったのですが、思わぬ成果があったことで、子どもたちも私も活動に確かな手ごたえを感じることができました。

こうしたことが積み重なるうちに、〝総合は校長先生の経営方針だからなぁ…〟から、〝総合って、何気におもしろいんじゃない？〟という意識へと変わっていったように思います。

「とりあえず、まず調べる」をやめる

食の実践では、給食の残飯や和食の大切さに着目した単元を開発しました。

この単元では、まず給食の残飯を調べることからスタートしました。その結果では、「和食が残りがち」「同じメニューでも残飯率が異なる」といった、料理の種類や日々の生活リズム、気候等によって残飯に変化があるといった気づきが生まれました。

こうした分析をしたことで、「和食のおいしさが伝わる調理とは？」「寒い日に合うメニューとは？」といった課題意識につなげていくことができました。単に「〇〇について調べる」ではなく、「実態調査」にしたことが功を奏したのだと思います。

当時の松仙小における総合の課題の一つに「とにかく、まずは（本やインターネットなどで知識を得るために）調べる」がありました。調べ学習そのものは大切なことなのですが、調べる対象が単なる事実的な知識だと、次の活動につなげにくいのです。つまり、事実

を羅列しただけの知識は、自分事としての切実感をもたらしてくれないということです。こうした教師側の課題解決の方途が「実態調査」だったわけです。

この実態調査の教材化にあたっては、「日付」「和洋中」「調理数（kg）」、「残飯（kg）」「1kgあたりの残量」等を示した表を作成しました。また、子どもたちが分析する際には「日付順」「1kgあたりの残量順」を並び替えられるようにしました。こうした工夫が、前述の子どもたちの気づきに一役買ったように思います。

＊

ここまで、総合と私の専門教科である社会科の実践について語ってきました。殊に、総合の実践については、学年の先生方や研究部の先生方との連携についても触れてきました。

ただ、私としては、〝諸先生方との連携がなければ実践を充実できない〟というメッセージとして伝わらないといいなと思います。

そうした諸先生方との連携は確かに大切なのですが、連携ありきで考えてしまうと依頼心が大きくなりすぎてしまい、かえってうまくいかなくなるようにも思うからです。そもそも、連携さえしていれば、いい実践になるわけではありません。**他者との連携は必要条件であっても十分条件ではない**と思うのです。

やはり、授業づくりの要諦は、教師一人一人がそれぞれに「どうしたら子どもたちが問いを見いだし、その解決に向かって主体的に学んでいけるか」といった学習プロセスを明確に描き出すことなのではないでしょうか。

これは、総合に限らず、私の専門教科である社会科でもずっと大切にしていきたい点だと改めて考えています。

（三戸　大輔）

第3節

先を見通しながら指導の方途を探る授業づくり

［実践者］　石川琳太郎
東京都江東区立元加賀小学校教諭
［教職歴］　8年目
［専門教科］　体育

体育の授業づくりで大切にしていること

――石川先生は、体育を専門とする先生です。小学校から大学までラグビーに打ち込んでいました。こうした青少年期の運動経験が体育の授業づくりにどのような影響を及ぼしているかについて聞かせてください。

小学生時代から体を動かすことは大好きで、ラグビーとの出合いがありました。そのせいか、楕円ではないボールを投げたり、蹴ったりするのは苦手でしたが、休み時間になると校庭に出ていってクラスメートとドッジボールやサッカーをやるのが日課でした。放課後には、いつもの神社に集合して、鬼ごっこや探偵（ドロケイ）をして走り回っていましたね。

中学・高校時代には部活動中心の毎日で、ラグビー漬けでした。そのため、ほかのスポーツや運動にかかわるのは体育の授業くらいでした。そんな私が、教師になりたいと思いはじめたのも、ラグビーがきっかけでした。当時出会ったさまざまな指導者の姿を見ていて、教師を志すようになったわけですから、ラグビーというスポーツにはいまでも感謝しています。

小学校教師になった私がまずうれしく思ったのは、自分が得意ではない運動を子どもたちと一緒にできることでした。「10年以上スポーツに打ち込んでいたのに、ラグビー以外はからっきし。へたくそだと思われたらどうしよう」などと不安に思う気持ちはありませんでした。実際は、うまくできなくて恥ずかしい思いをすることもあるのですが、「まずやってみたい」「上手にできるようになりたい」とワクワク感のほうが大きかったと思います。

こうしたことから、体育の授業を考えるときにも、〝その運動を自分でやったらどうなのか〟と考えるし、書籍や資料でおもしろい教材や指導法があると試してみたくなります。このような「まずは自分でやってみる」という発想が、私の授業づくりの出発点です。

実を言うと、跳び箱と水泳については、中学時代に苦い経験をしたことがあります。まず跳び箱ですが、小学生時代とは打って変わって、中学生になると急に恐怖心を感じるようになり、跳ぶことができなくなりました。跳べなくなった背景には、体の成長や気持ち、人間関係などがあったと思いますが、小学生時代に積み上げてきたものが生かせなかったのは悔しかったですね。

水泳では、平泳ぎのカエル足がまったくできていないことが、中学生になって先生や友達に指摘されたことでわかりました。小学生時代には､誰からも指摘されたことはなく、とりあえず前に進めていたので、〝できているんだな〟と錯覚していました。しかし、実際は足の形をまったく意識しておらず、カエル足になっていなかったのです。結局、正しい平泳ぎの仕方を身につけられたのは、大学生になってからでした。

こうした〝自分ができなかった経験〟が、体育の授業づくりで何を大切にすべきかを明確にしてくれました。

●どんな運動でも、まずは楽しく取り組めるような工夫をすること。

●中学生や高校生、あるいは社会人になっても、運動にかかわれる基盤を小学生時代に築くこと。

たとえ、運動全般が苦手な子どもであっても、個別に手立てを用意し、クラスメートとの比較ではなく、自分自身の成長を感じられるように仕掛けることができれば、少なくとも苦手意識をもたずに済むし、その子なりに「自分もできた」と思える経験を積ませることができると考えています。

――小学校段階での体育は、おおむね好きだと感じている子どもが多いと思いますが、技能がはっきり見えてしまうことから苦手意識をもつ子どももいます。

確かに、どの学年のどの学級にも、運動することが苦手、あまり好きじゃないという子どもは必ずいます。特にマット運動や跳び箱運動などの「器械運動」領域は、できる・できないがよりはっきりするので顕著です。実を言うと、私自身も器械運動は苦手でした。ただ、それぞれの運動固有のポイントを理解できるように指導すると、不思議なもので、すらっとできたりします。

どの単元でもそうなのですが、単元の導入の授業では、一人一人がその運動にどの程度取り組めるのかを確認します。基本的な運動や計測に取り組ませながら、名簿に記録するわけです。また、事前にアンケートを取って、得意・不得意、できる・できないを把握することもあります。

そうすると、どのような点に、どの程度の配慮を要するのかを、個別に把握することができます。その後は、誰ができていて誰ができていないかではなく、その子自身が昨日よりも今日のほうができたという経験を積めるように、個別の指導に努めます。たとえ上手にマット運動ができない子どもであっても、〝前回よりもちょっとできた〟という感覚を味わえると、前向きな気持ちになれますから。

こうしたことから、私は個に応じた指導を重視し、技能に応じた運動の「場」をなるべくたくさん用意するようにしています。その趣旨は次のとおりです。

- 自分にもできる場を見つけて安心感をもつことができる。
- 自分にはまだできない動きを視覚化できる。
- 次の場を目指してランクアップしようとする意欲につながる。

『小学校学習指導要領解説　体育編』では、「運動が苦手な子どもへの配慮の例」が示されているので参考にしています。

そういえば、以前こんなことがありました。「ソフトバレーボール」の授業のときのことです。

前の学年では体育の授業を休むことが多く、どの運動にもあまり楽しく取り組めなかったはずのAくんが、単元最後の授業の対抗試合が終わった後に「ええー　もっとやりたかった」とつぶやいたのです。事前のアンケートでも、「ソフトバレーボール」は、〃あまり得意ではない〃にチェックしていた子がです。

Aくんは、ボールに対する不安感をもっている子どもでした。自分がトスしたボールが変な方向に飛んでいったらどうしようという思いを捨てられないのです（振り返りの記述を読んで気づきました）。

そこで、失敗しても「ドンマイ」「次、がんばろう」などと励まし合う言葉を決め、チーム内で実際に声をかけられているかを毎時間確認するようにしていました。さらに、「次はもっと手を上げよう」「ボールが落ちてくる位置にすばやく入ろう」など、できるようになるためのポイントについても声をかけられるようにし、友達同士で確認し合えるようにもしました。

ほかにも、円陣を組んでボールを何回つなぐことができるかを競う円陣ゲームを行ったり、ボールを爆弾に見立てて落とさないようにトスを出す爆弾キャッチゲームを行ったりするなど、少しでも遊び感覚で取り組める活動も取り入れてみました。

そうするうちに、Aくんの表情や態度に変化が生まれました。少しずつ笑顔が増え、試合でも声を出したり、自分からボールにかかわったりするようになったのです。こうしたことがあっての「えぇーもっとやりたかった」というつぶやきだったのだと思います。

友達同士でかかわり合える場をつくり、かかわり方を工夫することができれば、運動が苦手な子どもであっても、意欲をもって取り組めるようになるし、運動を通して友達との関係もよりよくなっていくのだと改めて学ぶことができた場面です。

「防災」をテーマとする二つの実践から学んだこと

――体育には教科書がありません。その点では総合と同じですが、授業づくりの面で何か共通すると感じていることはありますか？

体育も総合も教科書がないなかで授業づくりを考えるという点では似ていることが多いかもしれませんね。

体育では、子ども一人一人の運動の実態を確認し、その子に寄り添いながら、「運動ができる感覚」を味わえるようにすることを大切にしています。

それに対して総合では、教師の思い描くゴールイメージと子ども一人一人の意見や考えを擦り合わせ、考えや意見を出し合いながら「自分たちでゴールを目指す感覚」を味わえるようにすることを大切にしています。

どちらも試行錯誤しながら、「自分たちが成長しているという感覚」を味わえるようにする点に共通性を感じます。

ただ、共に教科書がないとはいえ、総合には体育にはないむずかしさがあるのも確かです。

体育には教科書がない代わりに副読本が充実しているし、先人が積み上げてきた実践例も豊富にあります。総合はというと、それらに類するものがほとんどありません。そのため、最初のうちは戸惑うことばかりでした。

「今年度は1単元70時間の総合をつくるよ」と言われたとき、自分はまだ教職2年目でしたから。正直なところ、自分ではどうすることもできず、校内の先生方に頼るほかありませんでした。

最初に取り組んだ単元は、「防災」がテーマでした。このテーマに対しては、子どもたちが自分事にできるテーマなのか疑わしく思っていたし、自分自身もおもしろいとは思えませんでした。結局、最後まで苦しいばかりの70時間でした。

それに対して、2回目に「防災」をテーマに実践したときには、最初のときとはずいぶんと違う手ごたえを感じました。

1回目(教職2年目)のときには、自分の勉強不足、指導力不足ということもあったと思いますが、そもそも「防災」というテーマを狭い視野でしかとらえていなかったことが原因だったと思います。「命を守ること」とか、「○○は絶対にしなくてはいけないこと」、あるいは逆に「してはいけないこと」などに終始し、自分のイメージが堅かったばかりに、防災の学習のどこに楽しさを感じさせられるかがわからなかったのです。

また、実際に体験したり、目で見たりする活動が極端に少なく、インターネットなどを使って調べる活動が中心だったことも、おもしろさを感じ取れなかった要因でした。

それに対して2回目（教職4年目）のときには、単元の中心的な活動として「地域の防災マップをつくること」を設定したことで大きく変わったように思います。

4月〜5月にかけて、「防災」に対して子どもがどんなイメージをもつかを学年で洗い出しました。そのときに「防災マップ」「避難訓練」「非常食」といったワードが出てきました。自分の学級の活動としては「防災マップ」が適しているのではないかと考え、単元の活動として設定したわけです。

そこで、子どもたちの目が防災マップに向かうように、家庭でどのような防災対策をしているかをアンケートしたり、どこが避難場所になっているか、地域にはどのような防災施設があるかなどを調べたりしていきました。

そうしているうちに、「自分たちは地域の防災について知らなすぎる」という気づきが生まれます。この気づきを起点として、「もっと知りたい」「きっと知らない人が多いはずだから伝えたい」という思いを膨らませていくことができました。

この点がまず、1回目の実践とは異なるところです。1回目のときは、ただ「防災」の知識を集めるだけの調べ学習にとどまっていて、どこまでいっても「子どもにとっては別の世界のこと」という認識を変えることができませんでしたから。

それに対して、自分の家庭や自分たちの地域にフォーカスし、そこを軸にして「自分たちは何をしているのか」「何ができていて、何ができていないのか」を浮き彫りにしていく調べ学習にしていければ、子どもはどんなテーマでも自分事にしていけるんだと感じました。

また、防災というと「誰もがやらないといけないこと」というイメージが先行しがちですが、それをいかにして「自分たちがやってみたいこと」にスイッチさせられるかが、活動を展開していくうえで欠かせないのだと気づきました。

単元を通じてどんな活動をしていくのかを最終的に決めるのは子どもたちです。彼らが自分たちで「やりたい！」と声を上げなければ、具体の活動を始動させることはできません。

「地域の防災マップをつくること」を設定したのは教師である私です。また、そうなるように導いてもいきます。しかし、けっして誘導的でも無理やりでもなく、課題を見いだし共有できさえすれば、「自分たちで決めた」と子どもは思うのですから、不思議なものですね。

子どもたちとの話し合いを通じて、いざ「地域の防災マップをつくって自分たちや地域の人たちの命を守る」ことを単元のゴールに設定できると、自分たちが解決すべき課題が明確になり、意欲も高まっていきました。

そのころになると、子どもたちとの話し合いを通じてどんな活動を展開していくのか、活動を通じてどのように課題を解決していくのかを考えながら授業を進めていくことに、1回目のときには感じられなかったおもしろさを感じていました。

加えて、「自分たちで設定した課題を解決するために、試行錯誤しながら活動していくプロセスがあるからこそ、子どもたちは資質・能力を身につけていけるんだな」とも感じられるようになったのです。

＊

さて、こうした経験を積めたことで、それまで自分には感じられなかった力がついていったように思います。それは「先を見通しながら指導の方途を探る力」です。

子どもの思いや願いをベースに授業をつくるといっても、子どもにお任せではダメで、1時間の授業や単元のゴールは教師が明確に想定しておく、そのうえで子どもたちとの活動に臨むことが大切です。そうすれば、子どもたちの話し合いが行き詰まっときにも、助言したり問い返したりすることができます。

子どもたちは常に目の前の課題に一生懸命なので、教師もその一点にのめり込みはするのですが、一歩も二歩も引いて構え、「この状況だと、もう1時間話し合いを継続したほうがいいか」「逆に、決め切ってしまうように促すか」「今日の話し合いは、単元の終盤でどのように効いてくるか」を考えるようになったことが、教師としての私自身の大きな収穫だったと思います。

スタートカリキュラムを経験したことで生まれた気づきと指導の仕方の変化

――1回目の防災と2回目の防災の実践にはブランクがありますね。これは、石川先生がその間の1年間、1年生を担任していたからですが、はじめての低学年を受けもったときの実践について聞かせてください。

教師になって最初の2年間は高学年を担任し、その後1年間だけ1年生を担任し、その後に再び高学年に戻るというのは、割とレアケースだと思います。

このタイミングに、1年間だけでも低学年を受けもつことができたのは、私のそれ以後のキャリアにとって有益だったと思います。殊に、松村先生と同じ学年で肩を並べて、スタートカリキュラムにチャレンジできたことが幸運だったと思います。

「低学年の子どもたちは、ゼロからのスタートじゃないから！」

これは松村先生の口癖でしたね。あまりにもしつこく言われ続けていたので、すっかり耳に焼きつきました…。

冗談はさておき、教師になって最初の2年間は自分が思ったように授業を進めたいという思いでいっぱいで、私の授業は典型的な教師主導型でした。単に未熟だったということもあったと思いますが、それが1年生を受けもった1年の間にずいぶん変わることができたように思います。

松村先生に倣って、「幼稚園や保育所ではどんなふうにやってきた？」と尋ねたり、「どんなふうにやってみたい？」と投げかけたり、「自分たちでできそう？」と促したりするうちに、子どもの思いや願いを引き出し、それをいかに具体の活動にしていくかを強く意識するようになったのです。

実際に任せて見守ってみると、子どもたちはもっている力を発揮しながら生き生きと活動しはじめるのですね。そうであれば「5・6年生ならもっとできることがあるはず。

だったら、もっと任せてみればいいんじゃないか？」と心から思えるようになったのです。

――総合の実践経験によって、教科の授業に何か変化はありましたか？

松村先生が赴任してくる以前の総合は特別な感じがしていて、自分のなかでは教科と線引きをしていました。授業の仕方が別物だと思っていたからでしょう。

しかし、1年生の担任をした際にスタートカリキュラムや生活科を経験したことによって、教科全般に対する指導の仕方に変化がありました。国語や算数の授業などでも子どもたちに任せたり、一緒に相談しながら学習計画を立てたりするようになったのです。そのうちに、私のなかにあった教科と総合を隔てる垣根が取り除かれていきました。

たとえば、授業の終わりに次の授業でどんな活動をするのかを子どもたちと話し合って決めたり、思考ツールを使って情報を整理したりすることは、総合ならではの活動だと思い込んでいましたが、いまではどの教科等の授業でも行っています。

これは、教科等の授業を総合っぽくするほうがいいと考えたからではありません。総合も含めて、どの教科等の授業でも有効な指導法だと感じたからです。

私の専門教科である体育でも同様です。以前は、〝単元の計画は自分が決める、練習の場や方法も自分が決める、なぜならそれがいいやり方だからだ〟と思っていました。しかし、いまでは自分のなかでゴールを描きながらも、子どもたちと相談しながら活動を決めていくようになりました。

学級総合のおもしろさとむずかしさ

——総合の実践では、ほかにも海苔の実践に取り組んでいますね。以前と比べて新しい発見はありましたか？

海苔の実践は、それこそイチから考えてつくり上げることができた学級総合の単元です。間違いなく自分の指導に対する自信につながっていると思います。

最初は、「町づくり」というテーマに向かって何に取り組めばよいか悩んでいたのですが、わりとすぐに「大森の海苔」という材に出合うことができました。早速、海苔の博物館に連絡をとって出向くと、出前授業を受けていただくことになりました。こうしたいろいろなことがトントン拍子で決まっていったのですが、それと呼応するかのように、「大森の海苔」に対する子どもたちの興味も高まっていきました。すべてがうまく進んでいったように感じます。

前述のように、2回目の「防災」の実践では、1回目には感じられなかった手ごたえを感じることができましたが、防災というテーマ自体はそれほど自分の関心事ではありませんでした。それに対して、「大森の海苔」に対する私の興味・関心は最高潮でした。それこそ、前のめりどころか、魂をこめて授業を組み立てていたと思います。

「大森の海苔のココがおもしろい」「アレに注目してほしい」という思いがどんどん溢れていき、資料を当たったり、海苔のふるさと館に足を運んだり、子どもたちにできそうな活動を構想したりするのが楽しくて仕方ありませんでした。このとき、〝総合っておもしろいんだな〟と心の底から感じることができたのだと思います。

こうした私の熱意が伝わるのか、子どもたちも活動にのめり込んでいきました。「一人でも多くの人に大森の海苔を広めたい、大切にしたい」という思いをもち続けていましたから。きっと自分たちの学習に誇りをもっていたのだと思います。そんな子どもたちの姿が、さらに私の背中を押すという熱意の相互作用が生まれていたように思います。

――総合では、いまの話のような海苔などが教材ですが、石川先生の考える（共に教科書のない）体育や総合の教材研究とはどのようなものですか？

まず体育については、次のように考えています。

●数々の実践や開発されてきた教材・教具を、まずは自分で試してみる（体験してみる）。
●自分が試したことが、子どもたちに合っているのか、必要な力が身につくのかを考える。
●右の二つを踏まえ、最終的には学習指導要領に照らし合わせながら単元化・教材化する。

それに対して総合については、次のように考えています。

●まず、「防災」や「アート」といった大きなテーマのもとで、「子どもたちが現実的にできること」という桁で考えたときに、どんな課題を見いだせそうか、実際に解決していけるかを考える。
●自分なりに考えたことを教材化できるか、それによって子どもたちに力がつくのかを考える。
●大まかな活動計画を立てて見通しをもったうえで、関係施設に連絡したり、実際に足を運んだりする。

●右の三つを踏まえ、70時間分の指導計画を立てていく。

いろいろと異なる点もありますが、「私自身が実際に体験したことを通して教材化を図る」という点では共通しています。つまり、教材研究へのアプローチの仕方は、少なくとも私の場合は体育も総合も変わらないということです。

——石川先生が海苔の実践を行った年度は、松仙小における学級総合の最盛期で、そうであったからこその手ごたえだったと思います。それに対して、翌年度からは、学年総合にシフトしていきました。

70時間にわたる長期の単元を学級ごとに進めるとなると、指導計画の作成、外部機関との連携など教師一人にかかる負担感は非常に大きいと思います。加えて、探究するテーマは学年統一でしたから、学級によって実践の質に大きな差が生まれやすくなります。さらに、働き方改革の視点から見ても、個の負担感の軽減について考えなければなりません。そのように考えると、学年総合への移行は無理からぬことだったと思います。

ただ、そうは言っても「とにかく大変だから…」「隣の学級の実践と比較されるのはちょっと…」「いまのご時世とは相容れない」、だから、「学年総合のほうがいい」としてしまうだけでは、何だかもったいない気もします。

自分なりにイチから考えて教材化した単元によって、子どもたちがメキメキと成長していく、その様子を直に見て取れる学級総合のよさ。そのよさを踏まえたうえでの学年総合の可能性を考えていきたいと思います。

広い視野からテーマをとらえられれば、活動を通じて興味・関心を高められる

――現在、特に体育については、校内で積極的に授業を公開したり、学校全体に向けた指針を出したりもしています。海苔の実践は、単に総合のおもしろさを実感できただけでなく、教科等の授業をつくっていくうえでも自信につながったのではないでしょうか？

海苔の実践が殊のほかうまくいったから自信がついたというよりも、自分自身が心からおもしろいと思って取り組んだことを、子どもたちもおもしろがってくれたことが自信につながったのではないかと思います。

そのような意味では、「総合だったからこそ…」と「別に総合でなくても…」という二つの文脈が私にはあります。前者はイチから単元をつくれる総合の実践だったからこそ授業をつくる楽しさを再確認できた、後者は（学習指導要領に立脚しつつ）自分がおもしろいと思える教材であれば、どの教科の授業でも手ごたえを感じられる実践にできるという文脈です。

教師という仕事の楽しさは、やはり授業づくりですよね。そして、楽しい授業とは学び手である子どもたちにとっての楽しいとセットだということを、当たり前ながら感じています。

体育の授業づくりであれば、「苦手だ、できない」と感じている子どもたちに対して、いかに運動が「楽しい」と感じられるようにするか、「できそうだ」と思わせられるかを教材づくりの段階から考えるということです。

――ちょっといじわるな質問をします。もし、総合で学年のテーマを提示されたとき、自分の興味・関心を引く分野でなかったら、現在の石川先生はどのように取り組みますか？

一口に興味・関心といっても、もともともっている場合もあれば、学んでいくうちにもつようになる場合もあります。子どもだってそうですよね。

たとえば、「アート」に興味をもっている子もいれば、そうでない子もいます。まして「防災」であれば、（被災経験があるなどの事情でもない限り）興味をもっている子は皆無でしょう。そんな子どもたちも、クラスメートと学び合いながら活動を続けていくうちに、課題意識をもつようになり、興味・関心を高めていきます。教師である私も、それと同じです。

まずはどんなおもしろさや楽しさがあるのか、徹底的に調べます。それでも興味・関心をもてなかったとしても、〝子どもたちだったらどうだろう〟と考えます。〝Aくんだったらこんな課題を見いだしそうだ〟とか、〝Bさんだったらこんな活動をしてみたいと言いそう〟といった姿を思い描くということですね。

教材化を考える際にも、魅力的な材をゼロから見つけるという考え方ではなくて、全体計画に基づいて考えます。それは、教科書に基づいて授業準備や教材研究を行うこととあまり変わらないと思います。

また、テーマを広い視野でとらえられていれば、実際に単元がはじまり、子どもたちの思いや願いをベースにして活動を進めていくことで、子どもたちの興味・関心も私の興味・関心も共に高まっていくと思います。

――次に「コマ撮りアニメ」の実践について教えてください。

「コマ撮りアニメ」は教材としておもしろいと思うし、子どもたちもやる気をもって取り組めています。特に、三つの資質・能力がしっかりと身につくように、探究のサイクルを強く意識しています。

コマ撮りアニメというと、たとえば粘土を使って、いろいろな形に変化していく様子を一コマ一コマ撮影するものだとイメージする人もいると思います。しかし、別に粘土である必要はないし、子どもがいろいろなポーズをとって、それをコマ撮りしたっていいわけです。

NHKの番組でも、ニャッキやロボットパルタなど、実際には動かないものが動いているように見せる作品がいくつもあります。ネットの動画サイトでも、人間がワープしたり、飛んでいるように見せかけたりするものもあります。

このように、「コマ撮りアニメは○○をすることだ」と固定観念に縛られずに広い視点でとらえることが、活動の選択肢と子どもたちの発想を広げてくれるのだと思います。

ただし、何でもいいからと好き勝手にやっても、必要以上に時間がかかってしまったり、かけた労力の割には学びがないというのでは学習として成立しません。そこで、手段は多様としながらも、何のための活動なのかといった指針をもたせることに留意しています。具体的には、次の二つです。

●コマ撮りアニメだからこそできることを考える（材の特性をつかむ）。
●コマ撮りアニメを通して、どんな思いを伝えたいのかを明確にする（活動にメッセージ性をもたせる）。

活動全体の流れを一言で言えば、コマ撮りアニメの動画を見せ、おもしろさを共有し、実際につくってみるもののつまずき、どうすればいいのかを話し合い、最終的に学級で一つの作品をつくりあげるといったところです。

先述したように、幅広く考えられる材であることから、子どもたちが思いついた多くのアイディアを絞り込む必要があるのですが、教師の助言などによって絞り込みすぎると、もともとのおもしろさが失われる恐れもあります。

この点が悩ましく、私も子どもたちも、常に右に挙げた指針に立ち返りながらどんな活動にしていくのかを考えています。

学校全体で及第点をクリアできる体育授業を目指すには？

――これからの体育や総合の充実を考えるとき、教師の趣味や好み、得意・不得意にかかわらず、一定以上の実践ができるような工夫が必要だと感じます。石川先生の考えを聞かせてください。

本書では、第1章、第2章を通じて及第点をクリアできる総合のあり方・もち方について語られていますが、それを体育に置き換えるとすれば、「どの運動であっても、どの子も楽しいと思える体育授業にする」ということです。

本来、幼い子どもは体を動かすことが大好きです。公園などでキャッキャッと声を上げながら走り回っている様子からもわかるとおりです。

それがいつしか「運動が楽しくない」と感じる子どもが現れます。それは、自分の動きと友達の動きを比較するようになるからです。〝あの子のようにできない〟という自意識の芽生えと無関係ではないということですね。

まして、幼稚園・保育所時代には「遊び」として包括されていた運動が、小学校に上がった途端に学習となり、六つの領域ごとに評価されることになります。しかも運動は、技能レベルの差がはっきりしてしまうので、友達のようにできなければ苦手意識をもちやすくなります。

だからこそ、どの子も楽しいと思える体育授業が必要だと思うし、それさえ実現できれば、技能の善しあしに個人差があっても、授業としては及第点だと思うのです。

場の設定であったり、お互いに声をかけ合うルールだったり、さまざまな方法が考えられると思います。子どもたち一人一人が楽しいと思える工夫をどれだけできるかが、教師の腕の見せどころだと思います。

また、これまでは自分の授業にばかり目を向けていましたが、現在はもっと根本的に体育授業が充実する方途はないものかと考えるようになりました。具体的には、学校全体として育てる子どもたちの共通の姿を明確にすることと、系統的な指導を可能にする年間指導計画に則った実践です。

たとえば、6年生の「ボール運動」領域では、「基本的なボール操作を身につけ、ボールをもって動いたり、パスをしたりできるようにすること」を「育てたい姿」として設定しておき、そこから逆算して、低学年ではここまで身につけよう、中学年ではここまでできるようになろうと、段階的に子どもたちを育てる流れをつくるという考え方です。

どの学年であっても「育てたい姿」に向かって指導するようにできれば、子どもの学びの質を担保できるし、教師も迷わずに済むと思います。

また、こうした取組の先には、学習指導要領「総則」第1の2に定める「学校における体育・健康に関する指導を、児童の発達の段階を考慮して、学校の教育活動全体を通じて適切に行うこと」という規定につながっていくとも思います。いわゆる「知・徳・体」のうちの「体」の充実ですね。

――石川先生から見て、松仙小における体育授業の課題は何だったのでしょうか。また、それに対して研究主任としてどのようなアプローチを考えていましたか？

以前よりは改善されてきたとは思いますが、「学校全体を通じて適切に行う体育指導」に対して目を向けていない先生も少なくないところでしょうか。

体育の年間指導計画をつくっても、「そんなのあったの？」「どこにあるか、知らなかった」という話を聞くことがあります。その背景には、「体育の授業は、各学年にお任せ」という風土があり、「年間指導計画に即していなくても、とにかくすべての領域をこなしていればいい」という意識につながっているのだと思います。

しかし、そうであっては、体育を専門教科としている先生であれば「どの子も運動を楽しめる授業」ができるけれど、そうでない先生は「できていなくても仕方ないよね」という意識から脱却できないと思います。

私の発信の仕方にもかかわることなので、あまり大それたことは言えませんが、それでも明確な目標をもって実践していける、各学年で身につけさせる力を明確にした「系統性と実効性のある年間指導計画」を、先生方みんなで共有できるようにしていきたいと考えています。

そうすれば、どの先生の授業であっても「どの子も運動に楽しみを見いだせる」ようにしていけると思うし、そうなってこそ学校全体として「及第点をクリアできる体育」になるのだと思います。

授業改善については、幸いにも多くの先生方が指導案検討や研究授業後の協議会で意見を出してくれています。よりよい授業に取り組めるように考えてくださる環境は整っていると思うので、まずは地道に取り組んでいけばいいかなと思っています。

（石川 琳太郎）

第4節

子ども自身が「何とかしたい」と思うことを課題にする学習づくり

［実践者］　佐藤 敦子
東京都渋谷区立神南小学校主任教諭
［教職歴］　17年目
［専門教科］　国語

「3年生ならでは」を生かした総合の授業づくり

――佐藤先生が行った「鳥」の実践は、松仙小の総合を語るうえで欠かせない象徴的なモデルだと思っています。まず「なぜ、鳥だったのか」を教えてください。

3年生のテーマは「町づくり」だったので、地域の商店街に協力を仰いで「お煎餅をつくる実践だとおもしろいかなぁ」と考えていました。

しかし、いざ新学期がはじまると、私の学級にはこんな子どもたちがたくさんいました。

●教室で生き物の本を読んでいる子
●教室の窓から見える木々に鳥が来ると反応する子
●「鳥と目が合った！」と喜んでいる子　など

そんな子どもたちの様子を見ていて、お煎餅をつくるよりも、鳥などの生き物とかかわれる活動を行ったほうが、「夢中になって学ぶのではないかな」と思うようになったのです。

そこで、試しに「どんな鳥が好き?」などと尋ねてみると、カラスやスズメくらいしか名前が挙がらなかったことも、「鳥」に着目した理由です。子どもたちは鳥に興味を示すものの知っていることは少ないという事実が、単元をつくっていくうえでの何か手がかりになる気がしたのです。

また、松仙小学校に赴任する前の学校は愛鳥モデル校だったので、鳥の観察をしたり、愛鳥委員会で巣箱をつくったりしていました。そのため、前任校での経験も何か強みになるかもしれないとも思いました。

実際に学校や周辺を歩いてみると、川などの水辺の鳥、木の実や虫を食べる鳥などがいることに気づきました。さらに、松仙小の学区内に前任校で愛鳥活動を推進してくれた講師がお住まいであることも知りました。そんな偶然や必然が重なったことで、単元の中心に鳥を据えることについて、次のように考えることができました。

- ゴールに向かう探究的な学習の流れを構想できたこと。
- 子どもたちの思いや願いを尊重していくなかで、私の構想とは異なる活動へシフトしていっても、「芯となる部分」はブレずにできそうだと思えたこと。

●何より子どもが前のめりに取り組む姿をイメージできたこと。

こうしたことがあって、「よし！　鳥でいこう」と決めました。

――佐藤先生の言う「芯となる部分」と「自分の構想とは異なる活動」とは、言うなれば柱と幅と言い換えられそうですが、「鳥」の実践では、それぞれをどのように想定していましたか？

総合の単元には、次の二つのタイプがあると私は考えています。

●単元の最初の段階から教師の考えるゴールを子どもと共有できるタイプ

●教師の想定はあるのだけれど、学習を進めていくうちにゴールとなる力を子どもが身につけているタイプ

「鳥」の実践は後者で、次のように単元のゴール（学習指導案「単元の終わりまでに育ってほしい姿」）を設定しました。これが、先ほど言った「芯となる部分」です。

「鳥と友達になるという活動から、身近な地域のよさを再発見し、地域に生きる一員として自覚をもって活動するようにする」

子どもたちがこの姿になれそうな見通しをもてる限り、私が想定していなかった活動になってもよいと考えていたわけです。しかし同時に、そのジャッジは慎重にしなければいけないとも思っていました。

本単元の主な活動は次のとおりです。

一次は、近くの川（呑川）周辺を歩いて気づいたことを出し合い、1年間どんな学習をしていくかを決める活動です。

二次では、鳥と友達になるために、探鳥会を開いたり、水場を設置したり、巣箱やえさ台をつくったりする活動を行いました（「鳥を観察に行こう→どんな鳥が巣箱を使うのだろう→巣箱づくりの計画を立てよう→材料費を集める方法を考えよう→巣箱とえさ台をつくって取りつけよう→鳥と友達になるために観察や手入れをしよう」という流れ）。

三次では、子どもたちが「探鳥会」を開き、これまでの活動を通して鳥についてわかったことや、地域のどんな場所で見られるかなどを保護者や地域の方に伝える活動です。

しかし、実際に行った三次の活動は、保護者や校内の先生を招待して、えさ台に来た鳥や、呑川で撮影した鳥の映像を見てもらうなど、グループごとに1年間の学習の軌跡を伝える活動でした。なかには、鳥ブックをつくったグループもありました。

実を言うと、活動計画を考えていた段階から、三次では多様なアイディアが出るだろうから私の想定した活動とは異なるものになるかもしれないと予想はしていました。実際にそうなったわけですが、「いまでも、本当にそれでよかったのかな」と思うことがあります。「身近な地域のよさを再発見する」という単元のゴールにたどりつけたのだろうか…と。

私が少し誘導的な指導に切り替えれば、計画どおりに進んだかもしれません。しかし、それはそれで…とも思うし、教師の出方、もっていき方は本当にむずかしいと感じています。

——3年生は、生活科での学びとどうつなぐか、総合のスタートをどう切るかを考えることが大切な学年です。どのようなことを意識して実践していましたか？

子どもにとって「切実感」のある学習にしたいと強く思っていました。そこで、まずは課題を示して調べて…ではなく、具体的な体験活動から入りたいと考えて、子どもたちと一緒に学校の近くを流れる呑川周辺を散歩してみることにしました。川の岸辺に咲く植物、公園、所々に散らばるごみなど、どれも総合の探究課題になりそうなものばかりですから。それに、体験的な活動から課題を見つけて探究的な学習にするという流れは、生活科での学びとのつなぎとしても有効だと考えました。

実際に歩いて、見て、聞いて、観察して、人と出会っていくという、教室だけで完結しない学習を経験することは、「総合ってこんなことができるんだよ。来年度も自分たちでアイディアを出して学んでいってね」と、総合にはじめて取り組む3年生の子どもたちへのメッセージでもありました。

さて、呑川には、水鳥などの野鳥が訪れます。そうした野鳥に出会わせたかった私は、散歩するタイミングを見計らいました。しかし、都合よく見られるものではないので内心はドキドキです。

しかし、幸運にも川辺に佇む野鳥を見かけることができたので、みんなで立ち止まり、「あれは何の鳥だろうね」「何やっているのかなぁ」「足は何色だろう」などと子どもたちに声をかけました。

散歩の後は、気づいたことを共有する時間です。子どもたちからは、鳥、植物、川の汚れなどのキーワードが出てきました。これらのなかから1年をかけて学習していきたいと思うもの、楽しんでいけそうなものという観点から意見を出し合い、最終的に「鳥」をテーマとすることに決まりました。

「鳥について学習することになったけど、みんなはどうなっていきたい？」と尋ねると、「鳥と友達になりたい」という3年生らしい意見が出ました。そこで、「じゃあ、鳥と友達になるってどういうこと？」と問い返しながら話し合いを深めていきました。

活動を続けるうちに生まれる疑問には調べる必然性があります。たとえば「GTに教えてもらったように水を置いたのに、どうして鳥が来ないの？」という疑問が生まれたので、本で調べたりGTに再び尋ねたりできる時間を確保しました。

――体験的な活動と、調べたり話し合ったりするなどの言語活動とのバランスも絶妙だったと思います。傍から見ていてもよくできた単元だという印象だったのですが、何か苦労したことや悩んだことはありましたか？

巣箱をつくる活動一つとっても、何の材質が適しているのか、その木材をどうやって準備するか、学校近くの材木屋さんからもらえるのか、購入するとしたらいくらか、ホームセンターで売っている木材と比べるとどうかなど、調べたり話し合ったりすべきことがたくさんありました。非常に時間がかかる活動なので、子どものモチベーションを下げずに、学習の深まりをどうつくっていくかが悩みどころでした。
また、ややもすると、巣箱やえさ台をつくったり鳥を観察しに出かけたりする活動自体が目的になってしまうこともあり得るので、何のために活動をしているのかを意識できるように授業の導入や言葉かけを工夫しました。

——そのさじ加減はむずかしいですね。子どもたちに任せすぎれば活動が這い回ってしまうし、教師が手綱を握りすぎれば子どもたちの主体性が失われてしまう。
そこで、次の質問ですが、実践を通じて佐藤先生があらかじめ準備していたこと、子どもたちに提示したこと・しなかったこと、子どもたちに任せて託したことなどを教えてください。

準備していたことは、あらかじめ校長先生に相談して巣箱の材料を買う費用を学校の予算から捻出していただくことの合意、図工専科への協力要請、近所のホームセンターで買える材料の値段の調査です。

木材は、ホームセンターかインターネットで購入することになるだろうと思っていたのですが、Aさんが、「家の近くに小さい木（端材）を自由に持って行っていいって書いてあるところがある」と言い出しました。すると、盛り上がって「その場所に行って本当にもらえるかを聞いてみたい」「下校しながら一緒に行ってみよう」という話になり、直接聞きにいきました。

ところが、もらうことはできない、買うことはできる、ということがわかりました。加えて、そこで扱っていた木材は無垢材で、非常に金額が高く、とても手が出ないこともわかりました。みんなで「さぁ、どうしよう」となり、このタイミングで課題がぐっと自分事に切り替わった気がします。

私の失敗談としては、事前に費用の出どころを子どもたちに伝えていなかったので、自分たちのお小遣いを持ってくる案や学校で募金をつのる案などが出てきて堂々巡りになり、這い回ってしまったことです。その様子を見取って、「みんながやりたいことや考えていることを校長先生に相談してみるのはどう？」と私から助言しました。

巣箱の材質や大きさなど、こだわる必要性のないことは子どもたちに思い切って任せ、ホームセンターに行って材料費を調べたり、予算計画書をつくるといった、3年生には少し荷が重い活動は積極的に手助けしました。

この実践は、周囲の先生方からの次のような助けがあったからこそできた実践です。

●同僚や管理職の先生方に実践の状況を伝え、相談に乗ってもらえていたこと。

●巣箱をつくる費用は学校の予算で賄ってもらえたこと。

＊

ほかにも、校長先生が巣箱制作の予算計画書を作成する必要があることを子どもたちに話してくださったり、6年担任の先生が空き時間に教室をのぞきに来てくれて、巣穴をあける手伝いをしてくださったりしました。

国語の専門性と総合との親和性

――確かに、周囲の助けがあったことが実践の充実に一役買ったことは間違いないのだと思いますが、それだけで70時間もの単元がうまくいくでしょうか。その理由を解明するためにも、佐藤先生の専門教科である国語の授業づくりについて話を聞いていきたいと思います。まず、なぜ国語を専門教科にしたのでしょうか？

管理職との面談の場でした。初任から数年経っても強みと言える教科がなかった私に、当時の校長先生からこんなことを言われたことをとてもよく覚えています。

「あなたは統率力や児童理解、パフォーマンスの力はある。課題は授業力だ。専門とする教科をもったほうがよい。学習指導要領をしっかりと読みなさい」

そう言われてショックもありましたが、それ以上に私と正対してくれていることが伝わってきて、ストンと心に落ちました。

そこで選んだのが国語です。自分自身、子どものころから国語は好きだったし、勤務校に国語を軸にして素敵な学級経営をしている先生がいて、いろいろ教えていただける環境にあったことも大きかったと思います。

――国語には教科書がありますが、特に「読むこと」は教材文と指導事項、配当時数がある以外は授業者に任されていますよね。教育方法の自由度という点では、他教科よりも高いと思うのです。その点に総合との親和性を感じているのですが、佐藤先生はどうですか？

国語は、他教科と比べて、資質・能力が身につくまでに時間がかかる教科だと思うし、身についたという実感が伴いにくいという特徴もあります。また、授業の質という点でも（教師の想定を超えるすごい学びが生まれたり、逆にグダグダになったりと）振れ幅が大きい教科でもあります。この点に総合と近い性質があると思います。

総合は教科書もないわけですから、より高い自由度があります。だからこそ、担任は任された1年でどんな力をつけるのかを計画的・意図的に考えていかなければなりません。カリキュラムの系統性を大切にしながら繰り返し学習していく点も国語と似ているように思います。

それに対して、明確に違うと思うこともあります。

総合は実社会、実生活という現実と向き合いながら探究していきますが、国語は（特に「読むこと」では）日常生活から離れて非現実・非日常の世界にどっぷり浸かりながら品位の高い言語を知り、言葉や表現を自分のものにしていきます。この点に違いを感じます。ただ、どちらも、最終的には子ども自身の生活や自分自身をよりよいものにしていくためのものですから、私のなかではあまり垣根を意識していないように思います。

――その考え方は、国語を専門教科としている教師は総合に取っ掛かりやすいということを意味しているのでしょうか。それとも、佐藤先生の個人的なとらえがそう感じさせているのでしょうか？

私個人のとらえだと思います。総合については松仙小での実践を通じて好きになりましたが、けっして取っ掛かりやすかったわけではありません。むしろ、松仙小に赴任してきた当初は、総合のことをまったく理解できていなかったし、校内で研究していくことになったときには、内心「あぁ、総合か…」とつぶやいていたくらいですから。

そんな私の気持ちが変わっていったのは、一つに校内研究の講師の先生方が魅力的だったことが挙げられます。子どもを見る目、見取る目が自分にはないものばかりで、〝なんて自分は狭いとらえをしていたのだろう〟と気づき、私も同じように子どもを見れるようになりたいと思うようになりました。

授業への助言も〝なるほど〟とうなずくことの連続だったので、講師の先生のお話が聞ける校内研究が楽しみでした。松仙小は校内の先生との協議にもしっかり時間をとってくれていたので、授業についてみっちり話し合うこともできました。

総合の授業づくりはたしかにむずかしいのですが、そうしているうちに、そのむずかしさを楽しい、おもしろいと思えるようになっていきました。授業を通じて各教科で身につけた力をもち寄り、探究のプロセスを通して活用していくと、「学びは確かにつながっている」と感じられたからです。それは、私だけでなく子どもたちもそうでした。

改めて専門的に学ぶ教科を選んでよかったと思います。私は国語を選びましたが、別に国語じゃなくてもよかったとも思います。特定の教科を突き詰めていくことで鍛えられるのは、教科固有の専門性だけではありません。どの教科、どの授業にも通用する指導力だと思うからです。まさに通奏低音のようですね。

国語で培った指導力は総合でどう生きているか

――佐藤先生が国語を通して培ってきた授業力が、総合でどう生かされているかについて教えてください。

国語では、どの単元でも「子どもたちが楽しみながら『言葉の力』を身につけられるようにするにはどうすればいいか」という切り口から単元をつくっていきます。

まず単元ごとの目標を私自身がしっかりと理解します。そのうえで、「どんな学習活動だったら子どもたちはくらいついて学ぶかな」「どんな発問ならこれまで見えなかった景色が見えるかな」「Aさんはあんな反応しそうだな」「Bくんはどう考えるだろう」などと、教材ごとに子どもたちの姿を思い浮かべながら授業の構成を考えます。これは、総合の単元や授業づくりと変わりません。

――一般的には「総合はハードルが高い」と思われています。その原因は何だと思いますか。また、どうしたらそれを乗り越えられるでしょう。

私は、勤務する地域の特徴や特色を生かして活動をつくっていける総合が好きです。また、子どもが深く学べる総合ってどんなものだろうと調べたり考えたりすることも好きです。でも、指導計画を作成する具体的な段階になると、途端にむずかしさを感じます。自分のやりたいことと近い先行実践があるとは限らないし、同じ職場に総合を専門とする先生がいるとも限りません。つまり、「総合のよい授業とはどんなものか」をイメージしにくい点にハードルの高さを感じるのではないかと思います。

また、それを乗り越える鍵は、ご自身の専門教科が握っていると思います。先述したように、子どもたちの学ぶ姿を具体的に想像しながら、自分なりに単元計画を練ってみるということです。

教科書のある教科であれば（生活科は勝手が違いますが）、内容や領域などは明確に定まっています。また、総合よりも時数が短く、先行実践を参考にすることもできます。ですので、自分なりに単元計画を練りやすいと思います。こうした取組は、総合の単元づくりのよいトレーニングになるだけでなく、自分の専門教科の授業力向上にも寄与すると思います。〝はじめに指導書ありきにしない〟ことがポイントですね。

また、自分のなかに「総合の授業モデル」をもっていることも大切だと思います。以前、同僚の先生方に声をかけ、4人で横浜市立大岡小学校の研究発表を見に行きました。一緒に行った同僚は、「子どもたちが自分たちの追究したいことを見つけ、動いている姿に驚いた」と言っていました。また、「子どもたちから気づきや考えを引き出しながらまとめていく板書に感動した」とも。

大岡小の研究発表を見に行くと、いつも思うことがあります。それは、授業や子どもたちの様子、大岡小が目指す総合とは何かについて、〝先生方同士、本当によく語り合っているんだろうな〟ということです。というのは、授業後の分科会で語られる先生方の話に、「大岡の総合ビジョン」とも思えるような一貫性を感じるからです。

実践そのものはバラエティに富んでいますが、授業観や子ども観にバラツキがないのですね。それは、ベテランの先生に限ったことではなく、若手であっても着任1年目の先生であっても変わりません。

――佐藤先生は、本書がテーマにしている「及第点をクリアできる総合」が広がるためには何が必要だと思いますか？

私の専門である国語であれば、単元づくりに迷ったら指導書を読めばどう進めればよいかはわかるし、とりあえず教科書を使って授業をすれば何とかなります。もちろん、そうは言っても、教科書をただ読んでいるだけではダメだし、物語や説明文に書かれている内容理解だけでも及第点をクリアできません。

身につけたい力が身につき、新しい用語を使いこなせるようになっていかないといけません。そう考えると、教科書がある国語であっても、及第点というのは簡単ではないと思います。まして、総合は教科書がないので「ハードルが高い」と感じるのは無理からぬことだと思います。

私のように、周囲の助けがあって、いったん総合のおもしろさを味わうところまでいってしまえば、悩むことやむずかしいことも楽しめるようになるので、多少なりとも教材研究や授業準備が大変でも気になりません。しかし、そうなる前の段階で総合に手間暇をかけるのは、正直しんどいと思います。特に、ゼロから材を見つけて教材化するのは本当に大変です。

そこでまず何よりも、「どういう総合であれば及第点なのか」が、誰の目にもわかるようにすることが必要だと思います。加えて、単元モデルと授業モデルがほしいです。そうでないと及第点がただのお題目になってしまうでしょう。まして、総合を専門としている教師が少ない現状ですから、なおのことそう思います。

しかし、ここで言うモデルとは、「○○という材であれば、□□の順番に活動を行う」といった活動展開のモデルではありません。それでは〝やることリスト〟になってしまい、こなしていくだけの活動、流し込むだけの授業になってしまうと思います。

そうではなく、「総合ってどういう教科等なのかがわかる」「単元づくりの手順がわかる」「活動が行き詰まったときの対応法がわかる」「どういう授業がいいのかがわかる」などといった総合の単元全体や、一時間一時間の授業を俯瞰できるモデルです。

加えて、各学年の具体的な材はあらかじめ決まっていること、それが全体計画にちゃんと位置づけられていること、年間指導計画の大枠が示されていることが必要だと思います。こうしたモデルや枠組みがあれば、その後は、子どもたちと話し合いながら進めていく、くらいでちょうどよいと思います。

また、勤務校に総合を専門とする教師がいるのであれば、校内研究で総合を取り上げ、全体の底上げを図るのも効果的だと思います。神南小も令和3年度から総合の研究がはじまり、4月には早速単元づくりワークショップを行いました。一人では大変なことでも、「同僚と楽しく取り組めているなと感じるようになったころには、総合の授業力が以前よりも高まっていた！」ということもありそうです。

――佐藤先生は、松仙小を異動してからも、総合の充実に取り組んだり、「シブヤ科」のカリキュラムづくりにもかかわったりしています。松仙小の総合ではどのような授業力がつき、それがいま、どのように生かされているかを教えてください。

前述したように、国語の授業では子どもが楽しみながら力をつけていくことを大事にして実践してきました。いま振り返ると、その楽しさは学習活動自体の楽しさだったように思います。もっと言ってしまえば、ただ楽しいだけ。それ自体が悪いわけではありませんが、子どもが苦しいことや困難を乗り越えて、学習成果を味わう喜びや充足感までは及んでいなかったと思います。

総合では、「巣箱の木材をもらえなかった」「水場に鳥がこない」などとうまくいかないことが起きます。しかし、そんな状況であっても、課題の解決に向けて子どもたちは学習を進めていかなければなりません。そこには、不安感や緊張感が伴うでしょう。このような**適度な**負荷があることが、総合のよさだと思います。実社会・実生活で役立つ学習方法の獲得につながるからです。

「巣箱の木材をもらえなかった」→材料を手にするために別の方法を見つける。
「水場に鳥がこない」→鳥が来ない原因を突き止める。

いずれも、やみくもに調べるだけでは解決できない課題です。現実に即した方法を考えたり、水場の設置場所を多角的・分析的に考えたりすることではじめて解決することができます。

こうした指導経験を経たことで、「子ども自身が○○という学び方や考え方をしたからうまくいった」と自覚できる場を、授業においてどうつくるかを強く意識するようになりました。

また、子どもの振り返りをもとにして次の授業をつくることにも取り組むようになりました。それまでは、振り返りの重要さに気づいておらず、ときどき思い出したように書かせる程度でした。

しかし、講師を務めていただいていた嶋野先生の話から、授業の終わり3～5分間で自分の学びをとらえ直したり味わい直したりすることの意義を理解することができました。いったんそうなると、子どもたちの振り返りを読むのがすっかり楽しみになってしまい、振り返りに書かれていた疑問などを次の授業に生かしたいと思うようになったのです。

そうは言っても、すべての振り返りを反映させられるわけではありません。そこで、単元のねらいや指導計画、授業時数などを踏まえ、子どもたちの意見に乗っかったほうがおもしろい展開になりそうだぞと思えたときには躊躇せずに計画を変更するようにしています。

――現在は、どのようなことを意識しながら国語の授業を行っていますか？

いまは、目標に合致した必要な負荷をかけながら、それすらも楽しいと思える授業を目指しています。

たとえば、国語の「やまなし」の授業では、初読後に子どもたちからこんな意見が出ました。

「内容が一度では理解できない」「起承転結になっていない」「これまでの物語と全然違う」「登場人物は誰だ?」「わからないけれど、もっと読みたいと思ってしまう不思議さがある」

いずれも私の想定したとおりの発言でした。

「やまなし」は、子どもによって物語の情景の浮かび具合が大きく異なります。そこで、叙述に基づいた絵を描くことで土台となるものを共通にしていきました。その後は、初読の感想を生かしながら学習課題は個々がつくり、課題ごとの研究所（子どもたちのグループ）を設立してわからなさを解決していくという学習にしました（参考にした先行実践があります）。

すると、宮沢賢治の作品を読み比べをする子、図書室から借りてきて宮沢賢治の伝記を読む子などが現れます。教科書に載っているから読むのと、宮沢賢治の背景を知りたいから（自分の課題を解決するために）読むのとでは、前のめり度がまるで違いました。最後は、研究所ごとに交流し合ったのち、作品の主題についてまとめました。

わからなさから学習をスタートし、課題を立てて自分自身で、あるいは友達と一緒に考えていく学習は、子どもたちの満足度を高めてくれるだけでなく、読みも深まります。

総合と同じように、教科の授業であっても、**自分が何とかしたいと思ったことを課題にして学習することの可能性は、計り知れない**と思います。

また、松仙小の総合では、どの授業でも「予想される子どもの反応」を常に考えていました。授業は、教師のとっさの判断が迫られる場面が多々あるので、あらかじめ子どもの反応を予想しておかないと、学びを広げたり深めたりしようとする子どもの言葉を見逃してしまいます。国語や総合は、それが顕著に現れます。

予想そのものは思ったとおりのときもあれば、「そう来たか！」というときもあります。最初のころは、予想どおりだと「よしよし」と思っていたのですが、だんだんと疑問を抱くようになりました。誘導してしまっている場合があるかもしれないし、そもそも発問が不適切な場合もあるからです。そこで、予想どおりのときこそ、自分の指導の仕方を振り返るようになりました。

そうしているうちに、子どもの反応を予想しながら授業を考えること、実際の子どもたちの発言を振り返って次の授業を考えることが習慣化したように思います。

子どもの反応を予想することは、どの教科でも大切ですし、積み重ねていくと自分の専門ではない教科の授業でも勘所がわかってくるようになります。何より、独りよがりの授業になりにくくなると思います。

――佐藤先生のガッツやバイタリティに惹かれた人たちのネットワークが校内外にあるように

感じます。最後に、そうした人たちとかかわるに当たって大切にしていることはありますか？

同じ時に、同じ学校で働くことになったのには、きっと何か意味があるはずだと思っています。だから、出会いを大切にして、その人を知る、尊重するように心がけています。そもそも私は、「Ａさんはどんな教育理念をもっているのだろう」「Ｂさんは、どんなことを子どもに伝えているのだろう」などと知りたがりです。学級の子どものこと、授業のこと、大事にしていることなど何でも聞きたいし、話し合いたいと思ってしまうのですね。ただ、みんながみんな、私みたいではないことは理解しているので、厚かましくならないようには気をつけています。

また、学び続けることも大切に思っています。「我以外皆我師」です。年齢も、経験も、性別も関係ありません。校内の先生に対しても、ＧＴに対しても同じスタンスでどんどん質問をしたり、意見を聞いたりしています。

長く教師を務めていると、誰にとっても正しいかのように自分の経験則を語ってしまったり、自分のやり方に固執してしまったりすることがあると思います。しかし、私は、どれだけ経験や年齢を重ねても、吸収力のある教師でいたいと思っています。

（佐藤　敦子）

■巻末資料■

［単元モデル③］ やりたいことの実現型

この単元モデルのメリットについては、第２章で詳述しました。ここでは、松仙小で実際に行ってきた３つの単元を基に、課題や主な学習活動の流れを例示しながら、その共通点と固有性を解説します。

３つの単元の共通点は、以下の通りです。

- **まずはつくってみる、遊んでみる、歩いてみるなど体験活動を行う。**
- **何かをつくり、それを GT に見せて助言をもらい、もう一度つくり直す。**
- **つくったものをそのまま使って多くの人に伝える。**
- **つくるもののテーマはクラスやグループごとに設定する。**

上記だけでも学習の流れをかなり一般化することができ、各学校の状況に合わせてアレンジしたり、他の材に応用したりすることができます。

それに対して、「課題⑦」の伝えたり広めたりする活動は、扱っている材の特質に応じる形式が望ましいです。地図であればそれを配ったり見てもらったりする、かるたであれば大会を開いて実際に遊んでもらう、コマ撮りアニメであれば鑑賞会を開く、ということです。

ものづくりを通してやりたいことを実現するというこの単元モデルでは、「つくって形にする活動」と「発信して伝える活動」の結びつきが強固であることを生かし、そこが乖離しないような計画にするとよいでしょう。

「町のすてきがいっぱいの手書きの地図を作ろう！」（第３学年）

【ものづくり・町づくり】

小単元	課題（時数）	主な学習活動
手書きの地図ってどんなものだろう	①総合って何ができるのかな？（5）	２年生の生活科の学習を振り返りながら、学校の周りの素敵なところや地図づくりに興味をもつ。
	②地図ってどうやって作ればいいのだろうか？（5）	手書きの地図の GT と出会い、実際の手書きの地図を見たり、作り方を教えてもらったりする。
すてきを集めて手書きの地図を作ろう	③学校の周りにはどんなすてきがあるのかな？（10）	学校の周りを歩いて、素敵なところを見付ける。
	④地図のテーマは何にしようかな？（10）	見付けた素敵なところを分類するなどしながら、クラスの中でいくつかの手書きの地図のテーマを決める。
	⑤グループごとに手書きの地図を作ろう。（10）	必要に応じてもう一度学校の周りを歩いて素敵なところを見付けるなどしながら、テーマごとに手書きの地図を作る。
	⑥自分たちの手書きの地図は GT から見たらどうだろう？（15）	作った手書きの地図を GT に見せて、アドバイスをもらったり、それを基に改善したりする。
手書きの地図で町のすてきを伝えよう	⑦町のすてきをいろいろな人に伝えよう。（10）	手書きの地図をいろいろな人に見てもらい、感想を集めたり、それを分析したりする。
	⑧今年度の活動を通して自分にはどんな力が身に付いたのかな？（5）	１年間の活動を振り返り、身に付いた力や自分の成長などについて考える。

「オリジナルかるたを作って遊ぼう！」（第４学年）

【ものづくり・伝統文化】

小単元	課題（時数）	主な学習活動
かるたっていろいろなものがあるんだね	①身近な伝統文化って何だろう？（5）	身近な伝統文化について調べ、かるたを作ったり遊んだりすることに興味をもつ。
	②本物のかるたって何だろう？（10）	GT から本物のかるたのルールや所作を教わったり、実際に遊んでみたりする。
	③現在のかるたにはどんなものがあるのだろうか？（10）	家にあるかるたを持ってきたり、様々なかるたについて調べたりして、かるたの共通点や多様性について考える。
オリジナルのかるたを作って遊ぼう	④どんなかるたを作ろうかな？（10）	クラスやグループで、自分たちが作るかるたのテーマを決めたり、読み札の言葉を考えたりする。
	⑤オリジナルのかるたを作ろう！（10）	決めたり考えたりしたことを基に、オリジナルのかるたを作ったり遊んだりする。
	⑥自分たちのかるたは GT から見たらどうだろう？（10）	オリジナルのかるたを GT に見せて、アドバイスをもらったり、それを基に改善したりする。
かるた大会で面白さを伝えよう	⑦かるた大会を開こう。（10）	かるた大会を開いてオリジナルのかるたでいろいろな人に遊んでもらい、感想を集めたり、それを分析したりする。
	⑧今年度の活動を通して自分にはどんな力が身に付いたのかな？（5）	1 年間の活動を振り返り、身に付いた力や自分の成長などについて考える。

「コマ撮りアニメにメッセージを込めて」（第６学年）

【ものづくり・アート】

小単元	課題（時数）	主な学習活動
コマ撮りアニメを作ってみよう	①アニメって自分たちでも作ることができるの？（5）	日本のアニメが世界から注目されていることから、アニメに興味をもったり、自分たちでも作ることのできるアニメがあることを知ったりする。
	②どんな作品があるのかな？（5）	動画サイトなどに公開されている作品を見たり、コマ撮りアニメの作り方を調べたりする。
	③コマ撮りアニメを作ってみよう。（10）	作ってみたい作品のイメージごとにグループを作り、実際に短い作品を作ったり、クラスの中で見合ったりする。
クラスのメッセージを込めた作品を作ろう	④どんなメッセージを込めればよいだろうか？（5）	クラスとしての作品に込めるメッセージを話し合って決める。
	⑤クラスのメッセージを込めた作品を作ろう。（20）	ストーリーを決めたり、役割を分担したりしながら、クラスで一つの作品を作る。
	⑥どうしたらメッセージがもっと伝わるだろうか？（10）	作った作品をGTに見せて、アドバイスをもらったり、それを基に改善したりする。
作品を披露してメッセージを伝えよう	⑦鑑賞会を開いてメッセージを伝えよう。（10）	完成した作品をいろいろな人に見てもらい、感想を集めたり、それを分析したりする。
	⑧今年度の活動を通して自分にはどんな力が身に付いたのかな？（5）	１年間の活動を振り返り、身に付いた力や自分の成長などについて考える。

おわりに

私は、総合は子どもにとっても教師にとっても、必要不可欠な意味のある時間だと思っています。総合に取り組むなかで力を身につけたり伸ばしたりする両者の姿を、本校で幾度となく見てきたからです。

しかしながら、そういった総合に出合えず、総合の本当のおもしろさを知らない子どもは全国にたくさんいます。「次の総合は、何をやるのですか?」と何の疑いももたず、教師に尋ねる子どもが少なくないのだとしたら、とても残念でもったいないことです。

また、総合に対していいイメージをもてず、前向きに取り組めない教師もいることでしょう。あるいは、本当はいろいろな実践に挑戦してみたいのに、勤務校の状況や自分の力量不足で実現できず、悔しい思いをしている教師もいるはずです。

本書の冒頭では、総合の現状についてシビアに書いた部分が結構あります。しかし、悲観的に受け止めているわけでも、安易に批判したいわけでもありません。現実の課題から目を背けず、受け止め、そこを出発点として、現状を1ミリでも変えていくきっかけをつくりたいという思いから本書を上梓しました。

第4章に掲載した4人の先生方の話を読むにつれ、〝総合の未来は明るいのではないか〟という思いを強くしています。なぜなら、この先生方は（努力家で真摯に仕事に取り組む教師であるものの）総合の実践はもとより、専門教科の実践においても名を知られているような「カリスマ教師」ではないからです。

読者のみなさんも、第4章を通じて〝けっして絵空事ではない、特別でもない〟〝正しい方向性と正しい方法で実践を積み重ねていきさえすれば必ず身につく〟教科等を越えて活用可能な指導の総合力についてイメージいただけたのではないでしょうか。

この「指導の総合力」を鑑みたとき、もう一つ、つけ加えておきたいことがあります。それは、一口に「教科等を越えて活用可能」とはいっても、専門教科とは無関係に、どの教師にも適用可能な唯一無二の指導力ではないということです。

総合の実践を通じて、自分の専門教科を軸とした、その教師らしい指導力が磨かれることで、どの教科等の授業でも活用できるようになることが、本書で言うところの「教科等を越えて活用可能な指導の総合力」なのです。そのような意味で、「指導の総合力」の具体は、個々の教師がどんな授業を目指すのかによって異なるものとなるでしょう。

みなさんの職場にも4人のような教師はいます。あなた自身が望むなら、4人のようにきっとなれます。私はそう確信しています。そこでまずは、及第点をクリアすることからはじめてみませんか。

独創性あふれるオンリーワンでも、名人芸と言われるナンバーワンでなくても、子どもにとって魅力溢れる学びを生み出すことができます。先行き不透明な未来社会を生き抜く力を身につけていく姿を見ることができます。そんな手応えを感じることができたなら、及第点のその先が見えてくると思います。本書が少しでもその役に立てればうれしいです。

本書の制作にあたり、東洋館出版社の高木聡氏には、これまでのつき合いのなかでももっとも困難を極める本企画に対して粘り強くかかわっていただきました。本当にありがとうございました。

最後に、本校の荻間秀浩校長、齊藤純前校長をはじめ、生活科・総合的な学習の時間の実践にかかわられた同僚のみなさま、本校の子どもと保護者のみなさま、ご協力いただいたゲストティーチャーや地域のみなさま、また、本校の取組についてご指導いただいた講師のみなさまに厚く御礼を申し上げます。

令和3年7月吉日　松村　英治

編著者
松村 英治（まつむら・えいじ）
東京都大田区立松仙小学校主任教諭
1988 年生まれ。東京大学大学院教育学研究科にて、秋田喜代美先生に師事、修士（教育学）。研究主任、OJT 推進担当を経て、特別活動主任と chrome book 活用推進担当に就任、校内の授業改善と特別活動の充実に邁進中。国立教育政策研究所「評価規準、評価方法等の工夫改善に関する調査研究（R1 小学校生活）」協力者。
〈主な著書〉『教師のマルチタスク思考法』2021年３月、『指導技術アップデート』2020年８月、『仲間と見合い磨き合う授業研究の創り方』2019年７月、『学びに向かって突き進む！ １年生を育てる』2018年２月、いずれも東洋館出版社、ほか多数

令和時代の総合的な学習の時間入門
教科を越えて活用可能な指導力が向上する！

2021（令和3）年 7月10日　初版第1刷発行
2024（令和6）年 6月12日　初版第5刷発行

編著者　松村 英治
発行者　錦織圭之介
発行所　株式会社　東洋館出版社
〒101-0054　東京都千代田区神田錦町
2丁目9番1号コンフォール安田ビル2階
代　表　電話 03-6778-4343／FAX
03-5281-8091
営業部　電話 03-6778-7278／FAX
03-5281-8092
振替　00180-7-96823
URL　https://www.toyokan.co.jp
装　幀　中濱健治
印刷・製本　藤原印刷株式会社

ISBN978-4-491-04384-5　Printed in Japan